WOLFGANG SOTILL

Einfach Pilgern

Auszeit für Körper & Seele

Für Ulla

Umschlaggestaltung: Kufferath GesmbH, Graz; Layout: Kufferath GesmbH, Graz
Fotos: Oliver Wolf, Wolfgang Sotill und Shimon Lev
ISBN 3-222-13134-1

Inhalt

Vorwort 4

Der Aufbruch 8
Auf zum weiten Horizont 9
Zehn Gründe für „Einfach Pilgern" 12
Eine leibhaftige Meditation 17
Wald-und-Wiesen-Therapie 25
Nicht auf der Überholspur 35
Abbild des Lebens: P. Severin Schneider 44
Ein geistiges Abenteuer 47
Gott wandert mit den Menschen 54
Abstieg in die Tiefe, Aufstieg in die Höhe 61
Heilige Reise oder Reise zu einem heiligen Ort 68

Der Weg 74
„Unten ohne" – Wege zur Entfaltung der Sinne 75
Gedankliche Vertiefung 82
Ohne Gepäck, ohne Geld unterwegs: Pater Franz Wenigwieser 90
Sich selbst akzeptieren 94
Die zehn Gebote des Pilgerns 98
Loslassen, auch von Essgewohnheiten 101
Alles, was du brauchst, und nicht mehr 104
Fest geschultert 107
Für einen festen Tritt 109
Ein brennendes Problem 112
Schritt für Schritt eine Qual 114
Zwischen Hoch und Tief 115
Gehen – Prinzip eines Lebens: Ernst Gehmacher 118

Das Ziel 124
Wo das Wunder nicht stattfand 125
Viele kleine Wunder 131
Zurück in den Alltag 135

Ziele religiöser Sehnsucht 140

Vorwort

Es ist eine geradezu simple Frage, eine, die sich jedem stellt. Vermutlich können sie nur wenige beantworten, und viele entziehen sich ihr durch Aktivitäten oder durch Genuss. Sie lautet: „Was gibt dem Leben Sinn?" Es gibt darauf freilich keine allgemein gültige Antwort, sondern deren viele. Dementsprechend groß ist auch das Angebot an Glückseligkeitsversprechungen. Und so konsumieren wir Kurs um Kurs, verrenken uns nach fernöstlichen Meditationstechniken, ernähren uns nach naturnahen Grundsätzen und folgen angeblich absolut sicheren Tipps zu unserer finanziellen Absicherung. Am Ende all dieser Anstrengungen sind wir vielleicht körperlich gestärkt und seelisch ausgeglichener, die Sinnfrage haben wir aber dennoch nicht beantwortet, ja nicht einmal berührt.

Das mag ermüdend sein, wenn nicht gar verwirrend. Und doch ist es einfach zu erklären: Alle Angebote – der Yoga-Kurs und die Extremerfahrung beim Bungee-Jumping – treffen irgendwie auf dich zu, aber keineswegs berühren sie dich in deiner existenziellen Mitte. Ein alter, weiser Mann, den ich einmal interviewte, sagte mir: „Bei einem Interview kommt es nie auf die klugen Antworten, sondern immer nur auf klug gestellte Fragen an." Es hat wohl einige Zeit gedauert, ehe ich dies verstand, aber Jahre später weiß ich, dass er Recht hatte. Auf die Sinnfrage bezogen bedeutet dies: Frage dich zuerst, ehe du antwortest. Stelle dich selbst in den Mittelpunkt der Frage und formuliere sie auf deine Lebenssituation hin: „Was gibt meinem Leben Sinn? Mir, als 30-jähriger, erfolgreicher Frau, mir, als Mann Ende vierzig? Mir als einem religiösen Menschen, mir als jemandem, der sich mit dem Glauben schwer tut, der aber Sehnsucht hat nach Spiritualität?"

Die einfachste Weise, um zu einer klaren Fragestellung und zu einer befriedigenden Antwort zu kommen, ist es, sich eine Auszeit zu gönnen, alle Verbindlichkeiten für einige Zeit ruhen zu lassen, sich von der Technisierung des Alltags zu lösen und sich dabei ganz auf sich selbst zu konzentrieren, indem man sich erspürt: eben zu pilgern.

Du brichst von zu Hause auf, und sehr bald realisierst du: Sich auf den Weg zu machen, ist eine Urerfahrung. Immer schon war der Mensch ein Suchender, ist zu neuen Zielen aufgebrochen, ist vorangeschritten. Er hat es als Pionier, als Entdecker, physisch und auch psychisch getan. Er hat dabei Neuland erkundet und immer wieder auch sich entdeckt. Beim Pilgern fallen viele Beklemmungen von dir ab, dein Blick weitet sich. Denn wenn du zu einem entfernten Horizont unterwegs bist, dann schreitest du in andere Dimensionen voran. Zugleich aber schärfen sich deine Sinne. Du riechst ganz intensiv die frische Erde nach dem Regen, beobachtest einen Vogel und verlierst dich dabei in der Zeit. Du bereust es aber nicht, denn du hast Zeit, aber keinen Zeitplan. Du musst beim Pilgern nichts unterbringen, du brauchst nichts zu erledigen – erstmals seit langem genießt du die Zeit und bewirtschaftest sie nicht. Das tut dir gut. Der Ursprung des Pilgerns war ein religiöser. Man war unterwegs – hin auf ein Ziel. Zum Grab Christi in Jerusalem, zu dem des Apostels Jakobus in Santiago de Compostela. Bei diesen Wallfahrten war das Ziel wichtiger als der Weg. Beim Pilgern heute ist das Gegenteil der Fall. Und auch wenn sich heute Menschen ohne religiöses Bekenntnis aufmachen, dann ist dies doch auch eine religiöse Übung. Viele von ihnen, die auch in diesem Buch zu Wort kommen, suchen die Erfüllung ihrer spirituellen Sehnsucht. Sie haben sich auf den Pilgerweg gemacht, weil sie sich erhoffen, ohne institutionelle Vermittlung einer Kirche, eines Priesters, ihr ganz persönliches Verhältnis zu Gott klären zu können.

Tausende Pilger, die jährlich unterwegs sind, bezeugen, dass sie auf dem Weg „neu geworden" sind. Dass sie die Sinnfrage klarer sehen und dass sie für sich auch Antworten gefunden haben. Denn vor allem die Natur, die sie vor dem Pilgern oft nur als raschen Erholungsraum aufgesucht haben, ist plötzlich „sinnlich" erfahrbar geworden. Und hat ihnen innere Harmonie, Seelenruhe und Gesundheit beschert. Neben dieser leibfreundlichen Fülle der Eindrücke – und nicht in der asketischen Verweigerung – hat sich beim Pilgern auch ihr Geist gewandelt. In der Routine des Gehens, in der ununterbrochenen gleichförmigen Bewegung hat er sich entspannt. Er wurde nicht von immer neuen Nachrichten und intellektuell zu verarbeitenden Reizen zur Arbeit gezwungen, er wurde entkrampft. Das hat möglich gemacht, Zusammenhänge zu erkennen.

Damit haben wir uns auch der eingangs gestellten Frage „Was gibt dem Leben Sinn?" genähert: Die Vernetzung von Information und das Erkennen von großen Linien sorgen für die Fülle des Sinns. Sinnlos bleibt dabei immer nur, was ohne Zusammenhang ist. Was in der Folge bedeutet: Wenn der Pilger seinen Weg abgeschlossen hat, beginnt er sich neu auszurichten, das Wichtige zu forcieren, Nebensächlichkeiten gering zu schätzen. Pilgern ist der Weg zur eigenen Mitte. Das Buch, geschrieben aus der eigenen Erfahrung langer Wege, soll dir helfen, dich zum Pilgern zu entschließen. Es soll dir in seelischen und körperlichen Belangen ein treuer Begleiter sein, auch wenn dein Weg einmal beschwerlich und steil ist.

Wolfgang Sotill

Der Aufbruch

KAPITEL I:

Der *Aufbruch*

1. Auf zum weiten Horizont

Von den Möglichkeiten, sich selbst neu zu entdecken

Es scheint eine uralte Sehnsucht des Menschen zu sein: aufzubrechen, Bekanntes hinter sich zu lassen, neue Wege zu suchen, sich einem ruhelosen Leben anzuvertrauen, um über Umwege doch ans Ziel zu gelangen. Die Ungewissheit dient als Antrieb, die Lust am Abenteuer als Motivation. Und der Glaube gibt die Zuversicht, dass der eingeschlagene Weg auch der richtige sein kann.

Pilgern war schon immer eine Möglichkeit, die Sehnsucht nach existenzieller Grenzerfahrung umzusetzen. Dabei gilt für den Pilger heute, was schon für eine lange Reihe von Suchenden in allen Kulturen gültig war, die ihre Identität nicht aus einer starren Gebundenheit an Ort und Zeit, sondern aus dem Voranschreiten entwickelt haben: Der Pilger gibt seine sozialen Absicherungen auf, er spürt körperlichen Schmerz und geistige Leere, und dabei findet er die Erfüllung in Erfahrungen. In jener seiner selbst, in jener der Natur und oft auch in der Gottes. Ob sich jemand aus Gründen religiösen Erlebens oder doch eher als sportliche Herausforderung auf den Weg macht – alle, die ihn gegangen sind, haben übereinstimmend einen Entwicklungsprozess bestätigt: „Danach war ich ein anderer Mensch.“ Oder: „Es war eine Reise, weit zu mir.“ Oder: „Die größte Entdeckung war ich selbst, die Liebe und damit Gott.“

Bedenke: Ein Stück des Weges liegt hinter dir, ein anderes Stück hast du noch vor dir. Wenn du verweilst, dann nur, um dich zu stärken, aber nicht um aufzugeben.

Augustinus

Für beinahe alle, die sich auf den Weg gemacht haben, war der größte Gewinn, dass sie sich „losgelöst von der üblichen Arbeitsverdichtung selbst Zeit geschenkt" haben. Eine Zeit, die nicht „gewinnbringend bewirtschaftet" werden musste, sondern entschleunigt wahrgenommen werden durfte: Man schaute den hoch ziehenden Wolken nach, oder man verlor sich bei der Betrachtung einer einzigen, sich stets im selben Rhythmus wiegenden Sonnenblume.

Auf dem Pilgerweg sein, das bedeutet auch, ein Leben lang auf der Suche nach einem Ziel zu sein. Im „Heinrich von Ofterdingen" gibt Novalis auf die Frage „Wohin gehen wir?" die Antwort: „Immer nach Hause." Für gläubige Christen ist „zu Hause" – und auch der Weg dorthin – Jesus von Nazareth. Hat er doch gesagt: „Ich bin der Weg, die Wahrheit und das Leben."

Pilgern ist also kein Anachronismus, sondern eine Grunderfahrung menschlicher Existenz. Eine langsam fortschreitende Begegnung mit der Kultur des eigenen Lebens, mit dem Kosmos, mit dem Endgültigen.

M E I N T I P P

Ehe du weggehst, bereite dich vor. Geh nicht einfach los, sondern mache dich frei von den Bindungen an zu Hause. Von deinem Lohnsteuerausgleich und von der Frage, wer deine Tochter zum Reitunterricht bringt. Wie das funktioniert? Du beginnst schon Tage zuvor, alle deine Aufgaben zu delegieren. Es beruhigt, Alltäglichkeiten geordnet zu wissen.

Der nächste Schritt ist, dass du dich auf deinen Abschied konzentrierst. Lass dabei den Weg, vor allem aber auch das Ziel aus den Augen. Denn nur, wenn du jede einzelne Stufe ganz bewusst durchlebst und nicht schon wieder in Gedanken weit vorauseilst, wirst du als Pilger auch jene spirituelle Erfahrung machen, die so viele Menschen vor dir gemacht haben: Dann wirst du zu dir selbst kommen.

Vorteilhaft ist es, wenn du schon Tage vor deinem Aufbruch spazieren gehst und dabei immer wieder in eine freudige Erwartung eingehst. So baust du eine positive Anspannung auf. Wie sagt doch der jüdische Religionsphilosoph Martin Buber? „Ich freue mich dir entgegen."

Zehn Gründe fü

Sehnsucht

1.

In jedem Menschen lebt die Sehnsucht, gelegentlich aus dem Trott der Alltäglichkeit und aus der gewohnten Umgebung auszubrechen. Beim Pilgern wird diese Sehnsucht gestillt.
Du musst nur den Mut haben, dich auf ein Abenteuer einzulassen. Das Ziel ist, innere Kraft für deine Seele zu finden.

Bewegung

2.

Es entspricht der Natur des Menschen, ständig in Bewegung zu sein. Und das nicht nur räumlich, sondern auch geistig und spirituell. Wenn du zu Fuß unterwegs bist, wirst du feststellen, dass sich dir ganz neue Perspektiven eröffnen. Erstarrte Muster brechen auf.

Entschleunigung

3.

Wir planen und bewirtschaften unsere Zeit und gehen dabei nicht selten eine „Verschuldung" ein. Die Konsequenz daraus: Wir sind im Stress. Wenn du pilgerst, entschleunigst du die Zeit, indem du dich ganz auf den Augenblick einlässt und nicht an das Morgen denkst. Es ist wichtig, dass du da bist, wo du jetzt bist: in der Gegenwart.

Selbstwahrnehmung

4.

Der moderne Kopfmensch sucht ganzheitliches Wohlbefinden. Wenn du pilgerst, spürst du dich selbst, du bekommst ein neues Körpergefühl. Eine neue Sinnlichkeit, eine neue Genussfähigkeit und eine neue Lebensfreude, die in der Balance von Körper, Geist und Seele besteht, sind der Lohn für das Unterwegs-Sein.

Öffnung

5.

Gehen tut gut. Du wirfst Schritt für Schritt den Ballast des Alltags ab. Damit auch jene Verbindlichkeiten, die dich daran hindern, ein unbeschwerter und fröhlicher Mensch zu sein. Du befindest dich in einem Prozess, der dich offen und unbefangen werden lässt, neuen Eindrücken und anderen Menschen gegenüber.

Einfach Pilgern“

6. Werte

Wirtschaftlicher Erfolg und Sozialprestige stehen an der Spitze der gesellschaftlichen Wertehierarchie. Wenn du pilgerst, werden plötzlich andere Dinge wichtig: Gelassenheit, Heiterkeit, Dankbarkeit und die Gabe, Schönes intensiv aufnehmen zu können.

7. Frei werden

Innere Rastlosigkeit hindert viele Menschen daran, ruhig zu werden. Beim Pilgern kannst du dich durch bewusstes Gehen davon lösen und Probleme hinter dir lassen. Hast du diesen Zustand erreicht, kannst du dich auf einige wenige Dinge konzentrieren.

8. Meditation

Unsere Wahrnehmung ist zielgerichtet. Wir nehmen auf, was wir brauchen, und verweigern uns Dingen, die wir als nutzlos erachten. Wenn du gehst, entwickelst du eine Sensibilität für Dinge, die einfach nur da sind – ohne einen für dich erkennbaren tieferen Sinn: ein zwitschernder Vogel, das im Abendwind flatternde Blatt, der rauschende Bach.

9. Gebet

Manchmal vollzieht man die ritualisierte Form einer Messe als unbeteiligter Zuschauer, denn die eigene Mitgestaltungsmöglichkeit ist sehr beschränkt.
Beim Pilgern kannst du deine Gebete und deren Abfolge selbst bestimmen. Leiergebete geben einen Rhythmus vor und helfen dir, lange Wegstrecken leichter zu bewältigen. Zugleich ermöglichen sie durch Gedankenlosigkeit einen geistigen Freiraum.

10. Lebensweisheit

Erstaunlich viele Menschen sind überzeugt, sich durch eine längere Pilgerreise persönlich verändert zu haben. Die Erkenntnis, dass das ganze Leben eine einzige Pilgerreise auf ein konkretes Ziel hin sei, habe sie zu anderen Menschen gemacht: zu zufriedeneren, glücklicheren, mit einem höheren Selbstwertgefühl. Diese Befindlichkeit könnte künftig auch deinen Alltag bestimmen.

Der Aufbruch

2. Eine leibhaftige Meditation

Pilgern – ein Phänomen, das Juden, Christen, Moslems, Hindus und Sikhs verbindet

Die einen durchmessen den Weg von mehreren hundert Kilometern mit ihrem Körper, indem sie sich immer wieder aufs Neue hinstrecken und den neuen Ausgangspunkt für ihre Füße dort festsetzen, wo sie zuvor mit ihren ausgestreckten Armen hingereicht haben. Andere wiederum lassen die Rollschuhe laufen, viele reisen per Flugzeug oder Bahn, und eine immer größer werdende Anzahl von Menschen macht sich zu Fuß auf den Weg. Unterschiedlich sind die Mittel, gemeinsam ist jährlich geschätzten 250 Millionen Menschen, darunter mehr als die Hälfte Christen, aber eines: sie pilgern.

Ihre Erfahrungen sind in den Pilgerbüchern der Kirchen, der Tempel und heiligen Schreine nachzulesen: „Mein Weg war eine Begegnung mit dem Leben, der

Der Aufbruch

Geschichte, der Natur, dem Kosmischen und dem Endgültigen: mit Gott und mit mir." Oder: „Man muss die Erde berühren, um berührt zu sein." Oder: „Je länger ich unterwegs war, desto weniger materielle Dinge brauchte ich." Oder: „Gott rührte sich in meinem Leben nie. Erst in der Stille des Weges fühlte ich mich geborgen und lernte Gott zu lieben, wie nie zuvor." Oder: „Niemand kennt den Weg, wenn er ihn nicht selbst gegangen ist."

Pilgern als ein „Unterwegs-Sein auf ein Ziel hin" ist also ein menschliches Phänomen und stellt vermutlich auch die einzige religiöse Praxis dar, die Hindus und Christen, Juden und Sikhs, Buddhisten und Mormonen, Moslems und Shintoisten vereint. Und auch die Anhänger von Naturreligionen kennen die „Via sacra", hin zu einem „Ort der Kraft". Ja, selbst in einer völlig säkularisierten Welt spricht man davon, dass Fußballfans in die Stadien „pilgern" und sich die Grabanlagen von Elvis Presley und Lady Diana zu „Wallfahrtsorten" entwickelt haben.

Pilgern motiviert ungeheure Massen: So ist die Kumbh Mela, zu der sich die Saddhus, die heiligen Männer des Hinduismus, alle paar Jahre in der nordindischen Stadt Allahabad versammeln, die größte religiöse Zusammenkunft überhaupt. Zu einem Eintrag ins „Guiness-Buch der Rekorde" brachten es die Gläubigen bereits 1989, als sich 15 Millionen von ihnen, damals immerhin drei Prozent aller Hindus Indiens, am Ganges versammelten, um einen Schritt auf dem Weg zur Erlösung zu tun.

Die meistbesuchte Pilgerstätte der Welt ist hingegen Lourdes im Südwesten Frankreichs. Dort war 1858 einem armen, 14-jährigen Mädchen namens Bernadette Soubirous die heilige Maria gleich zehnmal erschienen und hat ihm dabei eine Quelle gezeigt, die Heilkräfte besitzt. Bereits 15 Jahre nach den Erscheinungen der „Jungfrau der unbefleckten Empfängnis" trafen die ersten Pilger aus Kanada und Belgien ein. Mittlerweile sind es jährlich knapp sechs Millionen Menschen, die hier Trost suchen.

Und wenn Heilungen von Schwerkranken auch selten sind, so ist der Ort mit seinen 20.000 Einwohnern und 400 Hotels, zumindest psychologisch gesehen, doch die größte Selbsthilfegruppe für Kranke. Wer nämlich unter Gleichen ist oder gar auf Menschen trifft, die noch viel schwerer erkrankt sind, der kann sein eigenes Kreuz leichter ertragen.

In sich gehen

Die Suche nach dem Heil war immer die Motivation für das Pilgern. Das war sie im Mittelalter und im Barock, als die Volkswallfahrten sehr populär waren, und das ist sie auch noch heute. Der Unterschied liegt nur in der Interpretation des Wortes „Heil". In den vergangenen Jahrhunderten begab man sich auf den weiten und oft gefährlichen Weg, weil man sich ein Wunder erhoffte, weil man in einer gefährlichen Situation oder in schwerer Krankheit ein Gelübde abgelegt hatte, das es nun einzulösen galt. Oder man brach auf, weil man büßen und sühnen wollte. Und dann gab es auch noch – heute seltsam anmutende – Sonderformen: Man suchte das Heil im Auftrag eines wohlhabenden Menschen, der selbst für eine Pilgerfahrt keine Zeit zu haben glaubte oder dem eine solche ganz einfach zu beschwerlich war. Oder man suchte sein Heil auf dem Weg nach Santiago de Compostela und entkam so einer Gefängnisstrafe. Ähnlich wie Drogenabhängige heute, die zur Resozialisierung in die Wüste geschickt werden oder per Schiff unterwegs sind, war es in früheren Jahrhunderten Straffälligen möglich, ihrer Haft durch den Nachweis einer mehrmonatigen Pilgerschaft zu entkommen. Kluge Richter setzten schon früh auf die heilende Wirkung von Natur und Gehen.

Zu den historischen Beweggründen kommen beim Pilger der Moderne freilich noch andere Motivationen: Man ist neugierig auf das Fremde, man sucht ein wenig Abenteuer und Improvisation, und man genehmigt sich einen ganz legalen „Ausbruch auf Zeit" aus der sonst eingeübten Regelmäßigkeit.

Damit wird aber auch klar: Es sind nicht nur die katholischen Kernschichten, die sich auf den Weg machen, sondern auch Menschen, die keine oder nur eine geringe Bindung an die Institution Kirche haben. Und dennoch gehen sie auf den historischen Pilgerwegen und entscheiden sich nicht für eine andere, landschaftlich mindestens ebenso reizvolle Wanderung. Der Grund dafür ist eine tiefe Sehnsucht nach Spiritualität.

Aber selbst evangelische Christen greifen auf der Suche nach religiöser Sinnfindung zum Pilgerstock. Und das, obwohl Luther die Wallfahrt als „unzehlich Ursach der Sünde" bezeichnet hat. In einer theologischen Welt wie der evangelischen, die stark von einer Entmythologisierung geprägt ist, gibt es ein Defizit an Mysterium. Man sucht die gedanklich nicht nachvollziehbare Dimension: das Fühlen. Und dieses kann sich der Pilger selbst eröffnen.

Daraus wird ersichtlich, dass „das Symbolsystem Wallfahrt also auch jenen zur Verfügung steht, die nicht in einer christlich-katholischen Tradition stehen",

stellt der Volkskundler Helmut Eberhart fest: wie den Agnostikern, evangelischen Christen, aber auch Katholiken, denen nach der Liturgiereform des II. Vatikanischen Konzils die Messe zu wenig sinnlich geworden ist.
Welche Gründe auch immer Menschen dazu bewegen, sich auf den Weg zu machen – so viel ist sicher: Während die Kirchen immer leerer werden, werden die Wallfahrtskirchen immer voller. Der religiöse Tourismus nimmt zu und mit ihm auch die Bereitschaft, sich den Mühen der Fußwallfahrt zu unterwerfen. So gaben Ende der 90er-Jahre bei einer Untersuchung in der steirischen Diözese Graz-Seckau, wo freilich mit Mariazell einer der wichtigsten Wallfahrtsorte Mitteleuropas liegt, 108 von 270 Pfarren an, Eintageswallfahrten durchzuführen. In 62 Pfarrgemeinden wurden mehrtägige Wallfahrten organisiert, in 33 wurden sogar mehrere pro Jahr durchgeführt.

Im Menschen lebt die Sehnsucht, die ihn hinaustreibt aus dem Einerlei des Alltags und aus der Enge seiner gewohnten Umgebung.
Immer lockt ihn das Andere, das Fremde. Doch alles Neue, das er unterwegs sieht und erlebt, kann ihn niemals ganz erfüllen. Seine Sehnsucht ist größer.
Im Grunde seines Herzens sucht er ruhelos den ganz Anderen, und alle Wege, zu denen der Mensch aufbricht, zeigen ihm an, dass sein ganzes Leben ein Weg ist, ein Pilgerweg zu Gott.

Augustinus

Der Aufbruch

DU

Es gibt Einrichtungshäuser, aber auch so manches Lokal, in dem der Gast mit Du angesprochen wird. Dies geschieht ungefragt, aber nicht aus Unhöflichkeit, sondern weil es die gewieften Strategen aus den Marketingabteilungen so wollen. Sie setzen auf Verbrüderung, damit Fragen, ob der Preis für ein Möbelstück oder die Qualität der Speisen stimme, erst gar nicht aufkommen.

Diese joviale Ansprache strapaziere ich nicht, wenn ich dir Tipps gebe. Sondern das Du dieses Buches begründet sich vielmehr aus der Vertrautheit, die ich selbst auf Pilgerwegen erfahren habe. Wie sagt der Benediktinermönch P. Severin Schneider aus dem obersteirischen Seckau, der sich im Alter von 70 Jahren 33 Tage lang auf den 750 Kilometer langen Jakobsweg gemacht hat? „Auf diesem Weg entsteht ein herzliches Verhältnis zu Menschen. Man schaut sie an, lächelt sie an, grüßt sie, um sie nach einigen Schritten zu verlieren und um ihnen manchmal nach Tagen wieder zu begegnen. Es entstehen über die solidarische Hilfe hinaus echte Freundschaften. Mir ist eine solche in der Begegnung mit einem 30-jährigen Manager zuteil geworden."

Es ist diese Fülle des Augenblicks, die Pilger per Du sein lässt. Es ist jene Nähe, die sich schwer im Deutschen wiedergeben lässt, die sich aber gut im Englischen ausdrückt, wenn jemand einen anderen mit „brother" oder „sister" anspricht. Gemeint ist damit häufig: Bruder und Schwester im Herrn.

3. Wald-und-Wiesen-Therapie

Die Bewegung in der Natur formt Leib und Seele

„Wir reden vom *Gang* der Ereignisse, vom guten *Ausgang* eines Unternehmens, vom *Zugang* zum Verständnis, von verlogenem *Hintergehen* eines Menschen, vom Geschehen als einem *Vorgang,* vom Wechsel als einem *Übergang,* vom Ende als einem *Untergang,* wir sehen das Werden als einen *Aufstieg,* unser Leben als eine *Pilgerschaft,* die Geschichte als einen *Fortschritt;* wir halten etwas Verständliches für *eingängig,* einen Entschluss für einen *Schritt.*"

Es ist kein Germanist und kein Etymologe, es ist der deutsche Theologe Karl Rahner, der uns mit der Auflistung von Worten klarlegt, wie sprichwörtlich bewegt unsere Sprache ist.

Wir schreiten fort – im übertragenen oder auch im tatsächlichen Sinn. Im religiösen Bereich auf dem Weg zu Gott oder auch bei Prozessionen und Wallfahrten, im säkularen Bereich beim Wandern.

Tatsächlich zieht das Wandern immer weitere Kreise. Immer mehr Menschen sind zu Fuß unterwegs, immer mehr Menschen drängt es aus den sterilen, höchstens noch mit Meditationsmusik beschallten Fitnessstudios hinaus in die Natur, um dort korperliche Anstrengung zu erleben. Und dieses Schwitzen in der Gruppe, die Last der Beine, die Kurzatmigkeit im steilen Hang und ein beschwingter Schritt in der Ebene verbinden oft stärker, als lange Gespräche dies vermögen. Ein und dieselbe Erfahrung macht gemeinsam Gehende zu Weggefährten.

Wandern formt den Leib und die Seele. Beinahe alle Muskeln werden beansprucht und alle Sinne angesprochen – der Mensch wird in seiner Gesamtheit einbezogen. Und so, wie er sich in seiner Körpererfahrung ganz spürt, so wird er auch in seiner Gesamtheit gewandelt. Und damit ist das Wandern die Grundform des Pilgerns. Denn beides wurzelt in einer ganz konkreten Selbsterfahrung und wird deswegen von den Menschen als echt und authentisch empfunden. Und somit ist es wenig überraschend festzustellen: Der Mensch wird selbst zum Ausgangspunkt des Religiösen. Beim Gehen in der Natur erlebt er sich in seiner Beschränktheit. Zudem legt er den so häufig suggerierten Machbarkeitswahn ab. Er wird demütig.

Und ganz plötzlich verspürt er auch wieder eine Verantwortung für diese Natur und ihre überwältigende Schönheit. Wandern und Pilgern führen die Gedanken zurück: zurück zum Beginn der Schöpfung, zurück zu allem Urgrund des Seins, dem Schöpfer.
Gerade in dieser Selbsterfahrung liegt auch die Schwierigkeit, über das Pilgern zu schreiben. Viele Begriffe wurzeln nämlich in der unmittelbaren körperlichen Erfahrung und nicht bloß in der Reflexion. Und nur, wer diese Erfahrung wiederholt, wird den Benediktiner Anselm Grün verstehen, der sagt: „Man kann den Glauben aber auch lernen, wenn man auf seinen Leib hört, sich im Leib einübt in das rechte Atmen, in die rechte Gebärde." Und daraus folgert er: „Das Gehen gehört zur letzten Form der Meditation. Es ist eine Meditation im Leib und mit dem Leib."

Zurück zur Natur

Das Wandern boomt: Bereits mehr als 50 Prozent aller Deutschen geben an, „Wanderfans" zu sein. Und was besonders wichtig ist: Der Anteil der Zwanzig- bis Vierzigjährigen ist überproportional hoch und verzeichnet nach wie vor deutliche Zuwächse. Darunter besonders viele mit einer höheren Schulbildung.
Die Jungen und die Führungsschicht wandern wieder, was Wirtschaftsmagazine bereits von einem „Megatrend" sprechen lässt. Und dieser schlägt sich auch in Umsatzzahlen nieder. Rund zwölf Milliarden Euro setzt der „Massenmarkt Wandern" allein in Deutschland jährlich um. Die Tendenz ist steigend, und das in ganz Europa.
Die wirtschaftlichen Kennzahlen belegen aber auch: Es sind nicht mehr die mit Filzhut und Haselstock bewehrten „Almöhis" und nicht die spartanischen Ökofreaks und auch nicht die ausschließlich auf Leistung programmierten Sportler, die gerne wandern. Mittlerweile erschließen sich durchaus genießerische Stadtmenschen, die finanziell überdurchschnittlich ausgabefreudig sind, die Natur aus eigener Kraft.
Ein Trend, den der Fachhandel auch nach Kräften fördert. Der Kompass findet sich in der Digitaluhr um 180 Euro, die zusätzlich auch mit Barometer, Thermometer und Höhenmesser ausgestattet ist. Zudem gibt es noch satellitengestützte Navigationssysteme zum Preis von 200 bis 530 Euro. Und der Wanderstock, dreifach gedämpft, kostet rund 100 Euro. Geradezu anachronistisch mutet hin-

gegen ein Stock mit Blechtäfelchen an, die man einst als Beleg für viele erreichte Ziele gesammelt hat.

Der Grund, weshalb die älteste aller Natursportarten einen derartigen Aufschwung erlebt, liegt auf der Hand: Es ist der Versuch des Menschen, aus den Kunstwelten, in denen er lebt, auszubrechen und wenigstens für eine begrenzte Zeit wieder in jene Natur zurückzukehren, von der er mittlerweile völlig abgeschottet ist.

Der Mensch will das Wetterpanorama nicht länger nur im Fernsehen konsumieren, um zu wissen, ob es draußen bewölkt ist oder ob die Sonne scheint. Er will nicht nur über technische Kommunikationsverbindungen mit der Außenwelt in Verbindung treten, sondern er will diese selbst spüren. Emotionell durch Handy, PC und sterile Arbeitsumgebung unterfordert, ist er erlebnishungrig und will das Gras nach dem Regen und den harzigen Lärchenwald in der prallen Mittagshitze riechen. Er will sehen, wie sich das Licht mehrfach am Tag wandelt, und er will sich daran freuen, bei der Rast am erfrischend plätschernden Bach einen Laubfrosch zu entdecken.

Der Mensch hat sich von der Natur entfremdet. Und dies scheint einer immer breiter werdenden Bevölkerungsmehrheit bewusst zu werden: „Mit über 90 Prozent Zustimmung hat sich ‚Natur' sogar noch vor Gesundheit, Freunden und Familie an die Spitze in der Rangskala der Freizeitfaktoren gesetzt", stellt Rainer Brämer vom Institut für Erziehungswissenschaften an der Universität Marburg an der Lahn fest.

Lange Zeit erschöpfte sich der Zugang zur Natur in der Begrünung der eigenen Umwelt. In den letzten Jahren aber stieg der Prozentsatz jener rapide an, die die Natur aktiv erleben wollen. Dass dabei das Wandern als Wald-und-Wiesen-Therapie die einfachste Möglichkeit ist, innere Harmonie, Seelenruhe und Wellness wiederzuentdecken, liegt auf der Hand. Wandern ist nämlich geradezu eine meditative Art, die Grenzen zwischen sich und der Umwelt verschmelzen zu lassen. Bei anderen Outdoor-Aktivitäten, die einen hohen technischen Aufwand benötigen, wird die Natur hingegen zur Kulisse degradiert. Ja, selbst beim Joggen nimmt man die Umwelt nicht in jener Intensität wahr, wie dies beim einfachen Wandern der Fall ist.

Der Aufbruch

Der Körper setzt den Geist in Bewegung

Das Wandern erweist sich offenbar zunehmend als der Königsweg zurück zur Natur. Und tatsächlich: 75 Prozent aller Wanderer geben nach Erhebungen von Rainer Brämer an, Naturgenießer zu sein.

Bei den Wanderfans gesellten sich zu der Freude über unversehrte Landschaft, weite Aussicht und naturnahe Wege noch andere Motive: die Stimulation von Körper und Geist, die Belebung von Beziehungen zu Wanderfreunden sowie die Bewältigung von seelischen Problemen.

Das ständige Gehen, die gleichmäßige Bewegung, der man sich überlassen kann, ohne viel zu denken, kann zum Reinigungsweg werden. Man kann vieles abfallen lassen, die innere Unruhe legt sich, man geht sich frei von Unrast und allem Unrat der Seele. Die gleichmäßige Bewegung der Füße, die den Boden immer wieder berühren und sich von ihm wieder abheben, ermöglicht das Lösen von Spannungen, die sich im Leib festgesetzt haben und die immer auch seelische Konflikte ausdrücken. Man befreit sich von Kummer und Sorge, indem man bewusst die Füße aufsetzt und abrollt und die Verkrampfungen so in das Erdreich abfließen lässt.

Der gesundheitliche Nutzen geht sogar so weit, dass Depressionen reduziert, wenn nicht gar ganz zum Verschwinden gebracht werden. Ein Phänomen, das leicht zu erklären ist. Wenn jemand geht, bleibt er in seiner Aufmerksamkeit nicht allein auf seinen Kopf konzentriert. Er entkommt dem Teufelskreis des Grübelns und Keine-Lösung-Findens und des erneut verzweifelt Suchens, indem er sich körperlich verausgabt. Er strengt sich an, schwitzt, und plötzlich ist er in seiner Empfindung nicht allein Gedanke, sondern auch Leib. Und je mehr er diesen spürt, desto stärker spürt er auch Lebenskraft in sich.
Wer wandert, löst sich aus dem Sog der Gedanken, die ihn bedrücken.
Es ist tatsächlich eine alte Weisheit christlicher Mönche, nach draußen zu gehen, wenn einen unangenehme Gedanken bedrängen und wenn das Nachdenken über sie nicht weiterhilft. Denn die Harmonie natürlicher Landschaften schmeichelt der Seele. Der Blick auf sanfte Bergsilhouetten oder waldumsäumte Täler hat einen ungeahnt befreienden Effekt.
Die Natur heilt. „Krankenhauspatienten, die aus ihrem Zimmer ins Grüne blicken, brauchen im Vergleich zu ihren Leidensgenossen mit Ausblick auf Wände oder Nachbargebäude nachweislich weniger Pflegezuwendung, weniger Schmerz-

Der Aufbruch

mittel und sie genesen schneller. Bei der Suche nach angstlösender Musik haben Mediziner herausgefunden, dass Aufnahmen mit Naturgeräuschen den optimalen Effekt haben", schreibt Rainer Brämer.

Gesundheit definieren wir aus dem Einklang von Geist, Seele und Körper. Und auch der Körper wird beim Wandern gut bedient: Auf einem Kilometer Weg verbrennt der Organismus nämlich zwischen 50 und 80 Kalorien. Und das ist mehr als bei einem Dauerlauf. Sportmediziner halten das sanfte Wandern auch wegen seiner relativ geringen Belastung für die Gelenke und der geringen Verletzungsgefahr inzwischen für den Gesundheitssport Nummer eins.

Die Wiederentdeckung des Religiösen, die ohne die Vermittlung von Institutionen auskommt, ist für den Volkskundler Helmut Eberhart auch einer der Gründe, warum auch kirchlich nicht gebundene Menschen pilgern: „Die Wallfahrt ist die kompensatorische Gegenwelt des modernen Menschen, der unter spirituellen und kulturellen Defiziten leidet. Gerade diese Aspekte streichen den postmodernen Charakter von Wallfahrt hervor."

Dies bestätigt der Theologe Andreas Aigner, den sein eigener Pilgerweg zum Grab des heiligen Jakobus in Santiago de Compostela zu der Dissertation „Zur Spiri-

tualität des Pilgerns" veranlasst hat. Er zitiert in dieser Arbeit eine atheistische Naturwissenschaftlerin namens Carmen Rohrbach: „Es ist nicht so, dass ich behaupte, es gäbe keinen Gott, sondern ich kann einfach nicht glauben. Ich will und werde niemals behaupten, es gäbe keinen Gott, sondern mir persönlich fehlt einfach die Voraussetzung zum Glauben. Ob man glaubt oder nicht, ist nicht dem Willen unterworfen. Es ist anzunehmen, dass man in frühester Kindheit eine Prägung oder ein Glaubenserlebnis haben muss, um die Fähigkeit zu erwerben, glauben zu können. Da der Weg nach Santiago aber ein Weg des Glaubens ist, musste ich mich als Nicht-Christin zu erkennen geben, sonst wäre es nicht wahrhaftig gewesen."

Und doch schreibt Carmen Rohrbach Reflexionen in ihr Tagebuch, die in ihrer Sprache von denen eines tiefgläubigen Menschen kaum zu unterscheiden sind. Sie schreibt: „Der Pilgerweg ist Symbol für lebenslanges Suchen des Menschen nach einem Lebensziel." Und: „Ein Pilger, der Raum und Zeit mit seinen Schritten durchmisst, erkennt, dass es für ihn auf Erden kein Ziel gibt, sondern nur einen Weg." Und Rohrbach kommt zum Schluss: „Die Sehnsucht und das Suchen haben ihr Ziel gefunden. Es ist der Raum, wo Himmel und Erde einander berühren."

Werfen wir doch einen Blick auf den Alltag: Der Mensch von heute muss ja eigentlich gar nicht mehr gehen: Er setzt sich einfach in seinen Wagen und – fährt. Geschweige denn, dass er laufen müsste. Doch was geschieht? Er erfindet das Jogging. Oder: Der Mensch von heute braucht nicht zu steigen, nicht einmal Stiegen zu steigen. Und was geschieht? Er setzt sich in den Kopf, auf Berge zu steigen, auf Felswände zu klettern. Mit einem Wort, er, „der nackte Affe", als den ihn der Titel eines Bestsellers apostrophiert, macht es seinen Urahnen nach, die auf Bäume klettern mussten, um sich Nahrung zu beschaffen oder vor Feinden zu flüchten – alles Dinge, die für die Affen notwendig sind, aber längst nicht mehr für den Menschen.

Aber das ist es ja: Der biologisch unterforderte Mensch arrangiert freiwillig, künstlich und absichtlich Notwendigkeiten höherer Art, indem er aus freien Stücken von sich etwas fordert, sich etwas versagt, auf etwas verzichtet. Inmitten des Wohlstandes sorgt er für Situationen des Notstandes; mitten in einer Überflussgesellschaft beginnt er, sozusagen Inseln der Askese aufzuschütten – und genau darin sehe ich die Funktion, um nicht zu sagen die Mission, des Sports im Allgemeinen und des Alpinismus im Besonderen: Sie sind die moderne, die säkulare Form der Askese.

Viktor E. Frankl: Bergerlebnis und Sinnerfahrung

4. Nicht auf der Überholspur

Gegen die Versuchung, sich zu Höchstleistungen anzutreiben

Wir bewältigen große Strecken. Solche, für die unsere Großeltern mit dem Fuhrwerk einen Tag gebraucht haben, bewältigen wir mit dem Auto in einer Stunde. Und solche, für die noch vor hundert Jahren einige Wochen strapaziöser Reise nötig waren, schaffen wir in einem halben Tag. Daraus leiten wir ab: Wir beherrschen Zeit und Raum.

Mehr noch: Beim Chatten im weltweiten Netz ist es uns sogar möglich, zeitgleich an mehreren Orten zu sein. Das gibt uns geradezu das Gefühl, überhaupt alle Beschränkungen überwunden zu haben.

Diese vermeintliche Freiheit gaukelt uns auch die Werbung vor: In einem Fernsehspot radelt ein erfolgreicher Manager durch eine sanfte Aulandschaft und bestellt während einer kurzen Verschnaufpause von seinem Handy aus einen Tisch für ein abendliches Geschäftsessen. Oder er dirigiert Mitarbeiter um,

während er selbst gerade auf einem Berggipfel die Aussicht genießt. Es scheint, als würden uns die neuen Kommunikationsmöglichkeiten eine Präsenz auch dort ermöglichen, wo wir gerade nicht sind. Zudem suggerieren sie uns eine Kontrolle über andere Menschen und eine Lenkbarkeit von Dingen aus bequemer Distanz. Freilich: Wir übersehen nur allzu leicht, dass auch wir genau mit denselben Instrumenten, die uns neue Freiheiten einräumen, dirigiert werden. Und diese Fremdbestimmung ist nicht selten die Ursache für Zeiterkrankungen wie Stress, der mit seinen massiven seelischen und körperlichen Auswirkungen unser ganzes Lebensgefühl bestimmt, ja sogar nachhaltig verändern kann.

Pilgern bringt ein neues Verhältnis zur Zeit. Beim Pilgern gibt es nichts zu erledigen, der Pilger lässt bewusst seinen Alltag hinter sich und beginnt, Zeit und Raum anders wahrzunehmen. Und zwar mit Staunen und Freude, wie es Barbara, eine italienische Pilgerin, auf dem Weg nach Santiago de Compostela in ihr Tagebuch schreibt: „Ich habe mich danach gesehnt, andere Rhythmen zu erproben. Zeit zu haben oder besser, meine Zeit leben zu können, eine Zeit, die sich mit meinem Leben deckt, mit meinem Fühlen, mit meinem Schritt. Schließlich eine Zeit, frei, offen für jede Begegnung, offen für das Unvorhergesehene. Schließlich anhalten, innehalten können, auch nur um die Morgendämmerung zu bewundern, einem Blick zu begegnen, Steinchen aus den Schuhen zu nehmen, einen Gruß zu tauschen. Eine Zeit, nicht von der Uhr diktiert, sondern vom Rhythmus des Marschierens, gleichsam in der idealen Einheit mit den Scharen von Pilgern, die in den Jahrhunderten vorausgegangen sind, und um ihnen durch das Gehen einzigartig gleichgestellt zu sein – das waren die Motive."

Dasselbe Staunen über eine nicht für möglich gehaltene Selbsterfahrung in Bezug auf den Raum machte auch der Benediktinermönch Pater Severin, als er sich zu seinem 70. Geburtstag „das Abenteuer Pilgern schenkte": „Auch für mich als Priester und Mönch war der Jakobsweg in Spanien zunächst nicht eine spirituelle Herausforderung, sondern eine rein menschliche. Meine Frage war: Was halte ich in meinem Alter noch aus? Werde ich die 750 Kilometer noch schaffen? Sehr bald stellte sich aber heraus, dass das Gehen, die Bewältigung einer konkreten Strecke, bei mir auch etwas in meiner Denkstruktur änderte. Wenn ich am Schreibtisch sitze, dann analysiere ich. Wenn ich aber gehe, Schritt für Schritt, dann sehe ich ganze Zusammenhänge. Mir drängt sich der Vergleich mit einem Teppich auf: Die Unterseite, die ich mit dem Schreibtisch gleichsetze, ist das Rationale. Ich sehe Knoten um Knoten, wie sie verwoben sind, welche Struktur sie bilden. Aber erst die Oberseite zeigt mir ein ganzes Bild in seiner Harmonie und Schönheit."

Der Aufbruch

Ein Geschenk an sich: Zeit

Die Zeit wird in den Gesellschaften des Westens als etwas Lineares empfunden – mit einer weitgehend abgeschlossenen Vergangenheit und einer kurzen, nur als Augenblick empfundenen Gegenwart, die schon von künftigen Aufgaben dominiert wird. Den wesentlichen Teil unseres Denkens nimmt die Zukunft ein. „Jetzt schon vorsorgen und an die Pension denken“, heißt es in der Werbung, die sich an Dreißigjährige richtet. Und: „Wenn ich das erledigt habe, dann habe ich leichter Zeit ...“, lautet nicht selten ein zuversichtliches und doch nie einlösbares Versprechen, das man sich selbst und anderen gegenüber gerne zur Beruhigung gibt. Und irgendwann stellt sich heraus: Es ist nicht mehr als eine Selbsttäuschung.

Der Befund daraus: Dem Rückblick, etwa der Reflexion am Ende eines Tages, widmen wir weit weniger Aufmerksamkeit als der Vorausschau auf vor uns Liegendes. Und für ein Fest, ein säkulares oder ein liturgisches, mit dem wir dankbar zurückschauen und Geleistetes freudig abschließen, haben wir weniger Zeit als für Planungen.

Dieser Zwang zum Fortschritt ändert sich beim Pilgern. Und die paar Tage, besser noch: die paar Wochen, die man sich auf den Weg macht, sind keine verlorene, sondern eine geschenkte, weil unmittelbar erlebte Zeit. Die Erklärung dafür ist einfach: Der Pilgernde steigt ganz selbstverständlich aus dem linearen Zeitsystem aus und gibt dessen rationale Bewirtschaftung durch Planung auf. Wenn er geht, sich verwurzelt in der Gegenwart und an dem Ort, an dem er sich befindet, wenn er Schritt um Schritt setzt, wenn er sich in freudiger Erregung über die Harmonie der Landschaft befindet und in ruhiger Zufriedenheit seine körperliche Müdigkeit erträgt, dann zählt die Zeit nicht. Er misst sie nicht und plant sie nicht, und er teilt sie nicht ein.

Ganz im Gegenteil: Der Pilger steigt in einen mythischen Zyklus ein, den ihm die Natur vorgibt: den Wechsel von Tag und Nacht, die Jahreszeiten, die Mondphasen, die Planetenbewegung. Pilgern ist ein Rück-Schritt in einen Ablauf der Zeit, den fortschrittsgläubige Menschen seit der Erfindung der Zeitmessgeräte überwunden geglaubt haben.

Ist die klar strukturierte Zeiteinteilung, die kaum mehr Freiraum lässt, nicht auch ein Grund für einen religiösen Erosionsprozess? Für das Unverständnis, den Ablauf der Naturkreisläufe betreffend? Von Aussaat, Wachstum, Ernte und Ruhe, wie sie im jüdisch-christlichen Umfeld zu religiösen Festen geführt haben?
Ziel des Pilgerns ist die Entschleunigung von Zeit und das damit verbundene Erleben einer Glückseligkeit ohne Stress, die Schaffung eines Zeit-Raumes, in dem der Pilgernde wieder zu sich kommt, denn: „Der Pilger, der aufbricht, sprengt oder legt die Raum-Zeit-Hülle seiner sozialen Homogenität ab", sagt der Volkskundler Lenz Kriss-Rettenbeck in seinen Untersuchungen zur Wallfahrt.

Ein Pilger macht Station in einem Kloster. Er wird freundlich aufgenommen, und man bietet ihm eine Mönchszelle als Schlafquartier an. Dort steht nur ein Bett und ein Stuhl. In der Tür fragt der Pilger ganz erstaunt: „Und wo sind Ihre Möbel?" „Wo sind denn Ihre?", erwidert der Mönch. Verwirrt antwortet der Pilger: „Ich bin ja nur auf der Durchreise." Worauf der Mönch lächelt: „Wir auch."

aus: „Geistlicher Humor"

Der Kosmos in mir

Und so ganz nebenbei stärkt sich der Bezug zur Gegenwart: Der Pilger, der sumpfige Wiesen überquert, über eine holprige Steigung schnauft, sich am satten Grün flacher Hügel erfreut oder einem freundlich wedelnden Hund begegnet – er ist da. Er ist jeweils an jenem einen Ort und nicht an x-beliebig vielen zur gleichen Zeit. Er ist im „Jetzt“, im „Nun“, in der Gegenwart. In einer sich von Schritt zu Schritt stets aufs Neue wiederholenden Gegenwart. Der Körper bewegt sich gleichmäßig, und dabei wird der Geist frei von den Belastungen der Vergangenheit und den Planungen der Zukunft. In dieser Gegenwärtigkeit spürt der Pilger trotz Hunger und Durst, trotz Ermüdung und immer neuen Erfahrungen so etwas wie Unendlichkeit. Eine kosmische Ewigkeit, die aber nicht erst eintritt, wenn die Endlichkeit des irdischen Seins abgeschlossen sein wird.

Man erlebt eine Ganzheit von Körper, Geist und Natur, die Fragen provoziert: jene nach sich selbst, auch jene nach Gott. Der Vorteil: Auch als nicht religiöser Mensch braucht man sich bei dieser Erfahrung, die man ganz allein mit sich selbst macht, nicht zu erklären. Man muss sich auch niemandem gegenüber verteidigen, wie man dies glaubt tun zu müssen, wenn man nach Jahren plötzlich wieder zur Sonntagsmesse geht. Alles, was man als Pilger tun muss, ist, sich selbst die Freiheit zu geben, diese Fragen zuzulassen.

Dass dies oft ganz verschämt geschieht, habe ich erlebt, als ich vor Jahren mit einem erfolgreichen Geschäftsmann nach Mariazell ging. Wir schreiten kräftig aus, plaudern über einen Oldtimer, den er sich zu einem runden Geburtstag geleistet hat. Bei jedem Wegkreuz, an jedem Marterl lässt er sich ein paar Schritte zurückfallen. Erst nehme ich keine Notiz davon, aber irgendwann ist es mir doch aufgefallen, und ich habe mich zu meinem Weggefährten umgedreht. Dabei habe ich bemerkt, dass er sich beinahe verschämt jedes Mal bekreuzigt hat.

M E I N T I P P

Stecke deine Uhr in den Rucksack. Wenn du gehst, dann nicht in Zeiteinheiten, sondern raste, wenn du müde bist, und iss, wenn du hungrig bist. Orientiere dich auch nicht am Zeitprofil von Wanderführern, denn du handelst dir selbst nur ein Zeitdefizit ein, wenn du einmal sitzen bleibst, um gelassen und voll innerer Freude die am Himmel ziehenden Wolken zu beobachten. Du bist nicht unterwegs, um ein Plansoll zu erfüllen, sondern um dir beim Pilgern für die Dinge um dich herum Zeit zu nehmen. Und sei es nur für einen Vogel, der von Ast zu Ast hüpft.

Der Aufbruch

Gute

Der Aufbruch

Abbild des Lebens

P. Severin Schneider ist Benediktinermönch in der obersteirischen Abtei Seckau. Er dient der klösterlichen Gemeinschaft seit mehr als drei Jahrzehnten als Prior.

Ich erwarte eine tiefe Einsicht, eine erhellende Erkenntnis, eine gedankliche Richtschnur, vielleicht auch die Nennung eines Psalms oder die Zitation einer Ordensregel des heiligen Benedikt, als ich Pater Severin frage, was denn für ihn das Wichtigste für den Jakobsweg gewesen sei. Ich gebe zu: Erst war ich enttäuscht, bald aber amüsiert, als er antwortete: „Eine Briefwaage."

Eine, mit der er in seiner Klause der obersteirischen Abtei seine Socken und seine Medikamente, den Rucksack im Leerzustand und auch den Schlafsack abwiegen konnte. Danach wusste P. Severin, dass er T-Shirts mit 150 Gramm und solche mit über 200 besaß, dass die zurückgelassenen Plastikdosen der Filme ihm 200 Gramm ersparten und dass sein leerer Rucksack 1,8 Kilogramm wog.

Trotz penibler Vorbereitung, sagt der Mönch, der sich die 750 Kilometer zu Fuß anlässlich der Vollendung seines siebenten Lebensjahrzehnts geschenkt hat, dass er noch ohne weiteres drei der insgesamt vierzehn Kilo hätte einsparen können. Als er sich auf dem Weg schließlich von drei der sechs Wäschekluppen und von einer der beiden Mullbinden trennt, hat dies freilich nichts mehr mit Gewichtsreduktion als vielmehr mit der Einsicht zu tun, dass „man wenig braucht und sich immer stärker während einer Pilgerschaft auf das Notwendigste zu beschränken beginnt".

Zurück vom Camino, wie der Jakobsweg auch genannt wird, beginnt P. Severin, aus der Erfahrung, sich auf das Notwendige zu konzentrieren, zu Hause aus seinem Zimmer Bücher in die Klosterbibliothek zu stellen, die er sicher nie mehr lesen werde.

Pater Severin nahm sich auf dem Weg immer mehr zurück, um eine einzige Antwort zu finden: „Was schaffe ich in meinem Alter noch? Was halte ich noch aus? Ich, der ich vor 50 Jahren von Wien nach Genf geradelt bin, der sein Rad ohne Gangschaltung acht Stunden über den Großglockner geschoben hat, der immer gut Schi gelaufen und auf Berge geklettert ist. Bin ich heute auch noch kräftig genug, um den Weg nach Santiago de Compostela durchzustehen?" Für den 70-Jährigen war es zunächst eine rein menschliche Herausforderung, wenngleich auch nicht nur in einem körperlichen Sinn: „Im Kloster habe ich meinen festen Verantwortungsbereich, und ich habe die Möglichkeit, Dinge zu delegieren. Auf dem Pilgerweg aber musste ich mich um bislang Unbekanntes kümmern, und ich musste alles allein bewältigen." Pilgern – eine Einübung in bislang wenig erprobte Alltäglichkeiten.

Auf den Weg gemacht hat sich der Mönch allein, denn er wollte auf dem Weg seinen eigenen Rhythmus finden.

Mit dem Gehen, dem oft nur monotonen Schritt-vor-Schritt-Setzen, tat sich bei Pater Severin eine weitere Perspektive auf: „Je länger ich ging, desto deutlicher zog mein Leben an mir vorüber. Und zwar sah ich plötzlich große Zusammenhänge, und diese Betrachtung war ganz anders als jene analytische, die ich vom Schreibtisch aus betreibe."

Unterwegs in zwei Räumen

Ähnlich wie Ernst Gehmacher (siehe Interview ab Seite 118) betont auch P. Severin, dass sich nach tagelangem Gehen ein „geistiger Raum öffnet". Diesen Prozess intensiviert er, indem er immer wieder einen der etwa vierzig Psalmen rezitiert, die er auswendig kann. Darunter den 23., in dem es heißt: „Geh ich nach Osten, so ist er nicht da, nach Westen, so merke ich ihn nicht; bieg ich nach Süden, sehe ich ihn nicht. Doch er kennt den Weg, den ich gehe: Prüfte er mich, ich ginge wie Gold hervor. Mein Fuß hielt fest an seiner Spur, seinen Weg hielt ich ein und bog nicht ab. Das Gebot seiner Lippen gab ich nicht auf, seines Mundes Wort barg ich im Herzen."

Ähnlich wiederholt Pater Severin auch den Rosenkranz oder zehnmal hintereinander das Vaterunser, Gegrüßet seist du, Maria und das Glaubensbekenntnis. Und er stellt von Mal zu Mal fest, wie sehr der Rhythmus der Worte und jener der Schritte deckungsgleich werden.

Und wie bei so vielen Pilgern reift auch bei Pater Severin die Erkenntnis, dass die körperliche Bewegung und das eingeübte Gebet sich nicht nur gegenseitig ergänzen, sondern durch Übereinstimmung auch noch eine weitere Dimension eröffnen: jene der spirituellen Raumerfahrung.

Wie sehr diese Weisheit schon früh im Christentum gereift war, zeigt sich dem obersteirischen Mönch, als er nach San Juan della Pena kommt: „Dort hat man bereits im achten Jahrhundert unter einem Felsen einen Kreuzgang gebaut. Sieht man ihn das erste Mal, so scheint er völlig funktionslos zu sein. Erst wenn man ihn mehrmals durchschritten hat, erkennt man: Wir Menschen brauchen etwas, um das wir herumgehen können, um zu meditieren. Und so wurde der Kreuzgang zu einer richtigen Gebetsschule." Dies hat den Vorteil, dass man bei den meditativ-geleierten Gebeten von einer intellektuellen Interpretation des Textes loskommt. Und eine solche hat die europäische Theologie des zwanzigsten Jahrhunderts stark geprägt.

Man muss davor warnen, dass zwischen dem kritischen Erfassen eines Textes und dem Sich-Versenken in denselben nie ein Widerspruch konstruiert werden darf. Das einfache Glauben ist ebenso wichtig wie das Wissen um den Glauben.

Diese mentale Welt, in die man nur eintreten kann, wenn man als Pilger das Gehen so weit automatisiert hat, dass man ihm keine technische Aufmerksamkeit zu schenken braucht, lässt viele Pilger den Weg zu Fuß absolvieren. „Selbst wenn ich mit dem Rad fahre, muss ich mich schon stärker auf den Verkehr konzentrieren und kann nicht so sehr in Gedankenlosigkeit verfallen", erklärt Pater Severin.

Und so hat er zwischen 20 und 35 Kilometer am Tag geschafft. „Von Tag zu Tag habe ich mehr darauf verzichtet, mir vorzurechnen: 100 Kilometer habe ich hinter mir, 650 vor mir." Irgendwann sei er nur noch gegangen und habe aufgehört, sich Sorgen zu machen, ob es am nächsten Tag bergauf oder bergab gehen, ob die Sonne scheinen oder ob es regnen würde. „Es ist wie im zivilen Leben auch. Du fragst nicht beständig, sondern bewältigst Anforderungen, die auf dich zukommen."

5. Ein geistiges Abenteuer

Von dem Wagnis, sich von der gewohnten Umgebung zu verabschieden

„Wie kann man nur sechs Wochen durchgehen? Hat man nicht nach einigen wenigen Tagen schreckliche Muskelkrämpfe? Oder sind alle Pilger vollkommen durchtrainiert? Ist es nicht frustrierend, wenn man sich auch ‚nur' für den spanischen Teil des Jakobswegs entscheidet, eine Strecke von 750 Kilometern vor sich zu wissen? Das ist doch immerhin mehr als die Entfernung zwischen Bodensee und Neusiedler See in Österreich und in etwa die Distanz zwischen der deutsch-österreichischen und der deutsch-dänischen Grenze."
Wenn Pilger, die extrem lange Fußwege hinter sich gebracht haben, später davon erzählen, sind dies die Fragen, mit denen sie immer wieder konfrontiert werden. „Das muss man verstehen, ist doch für die meisten schon eine Dreitagestour das Höchste, was sie sich zutrauen", sagt Pater Severin.

Der Aufbruch

Dabei sei der wochenlange Marsch gar nicht so sehr eine Frage der Kondition als vielmehr eine der Entschlusskraft. „Ich habe mich lange, bevor ich aufgebrochen bin, mit sehr klaren Fragen konfrontiert: Will ich mir die Strapazen antun? Schaffe ich den Weg körperlich, vor allem aber auch mental?"
Fragen, die man sich stellen muss und auf die es freilich keine Antwort geben kann. Denn niemand kennt im Vorhinein alle Risiken und Unwegsamkeiten, auf die er unausweichlich zugeht. „Wer sich entschließt, aufzubrechen und sich auf den Weg zu machen, muss sich darüber im Klaren sein, dass er stets nur auf das setzen kann, was er ist, nie aber auf das, was er hat. Denn das, was er hat an Vermögen, Versicherungen, Prestige, das hilft ihm nicht weiter, wenn er allein, ermüdet und von Blasen geplagt noch Stunden bis zur nächsten Herberge vor sich hat", erklärt der Benediktiner.

Freude über sich selbst

Die freiwillige Aufgabe gewohnter Sicherheiten auf Zeit hat aber auch positive Seiten. So darf sich jeder über ein hohes Maß an Selbstwertgefühl freuen, wenn er erfolgreich neue Situationen bewältigt hat, und seien diese auch noch so banal: Oft ist es nur das Reinigen der Wäsche, die man eben nicht, wie zu Hause gewohnt, in den Schmutzwäschesack steckt, um frische aus dem Kasten zu nehmen. Oder ein anderes Mal ist es die Organisation einer Mahlzeit oder das Ausfindigmachen des Weges. Dinge, die man in der gewohnten Alltäglichkeit nicht zu erledigen braucht, können plötzlich zum Problem werden. Und ist dieses gelöst, tankt man Energie und freut sich über sich selbst.
„Werd ich zum Augenblicke sagen: Verweile doch, du bist so schön ..." Johann Wolfgang von Goethe beschreibt in seinem „Faust" unsere menschliche Sehnsucht, festhalten zu wollen, was uns gut tut. Und dies tun wir von klein an. Wie viele Teddybären und Puppen liegen unnütz in Kinderzimmern, wie viele Legosteine und wie viele Bücher? Dinge, bei denen niemand mehr Trost sucht, aus denen kein Kind mehr Burgen errichtet und in denen niemand mehr nachliest. Wenn die Eltern versuchen, diese lieb gewordenen Sachen von einst zu entsorgen, werden die Kinder wehmütig. Ähnlich geht es uns Erwachsenen. Oder haben Sie etwa keine CDs, die Sie nie abspielen, keine Bücher, in denen Sie nie nachschlagen, und keine Kleidungsstücke, die Sie seit Jahren nicht mehr tragen und von denen Sie sich doch nicht trennen können?

Erst vor diesem Hintergrund versteht man den Satz, den viele Pilger in ihren Erzählungen zitieren: „Es war für mich eine völlig neue Erfahrung, auf dem Weg immer wieder Abschied zu nehmen. Von einer Herberge, in der man sich besonders wohl gefühlt hat, von einer schönen Landschaft, von einer Bank am Wegrand, die nichts Besonderes war, aber bei der man sich eine frische Orange während einer kurzen Rast gegönnt hat. Und all das in dem Bewusstsein, es nie mehr wieder zu sehen."
Abschied zu nehmen ist aber nicht nur eine individuelle Erfahrung von Pilgern, sondern es ist eine allgemein menschliche, die sich durch das ganze Leben zieht: Unser Leben ist ein ununterbrochenes Abschied-Nehmen, ein sich Hinauswagen, Erkunden, ein Immer-in Bewegung-Sein und dadurch auch ein lebenslanges Lernen, vorausgesetzt, man lässt dies zu. Dieser Prozess einer Suche, der freilich auch die Gefahr des Sich-Verirrens enthält, beginnt schon bei der Geburt. Wir nehmen Abschied vom schützenden wohlig-weichen Mutterleib und treten unter Schmerzen in eine neue Lebenssituation. Abschiede wiederholen sich später in Trennungen von geliebten Menschen, von vertrauten Orten und erzwungenermaßen oft auch von Arbeit. Wie sagt ein Sprichwort: „Jeder Abschied ist schon ein kleiner Tod."

Während all dieser Prozesse reifen wir. Wir lassen uns gehen, gehen zugleich in uns, laufen auch manchmal vor uns selbst davon, verirren uns und wechseln zwischen Ruhe und Bewegung, um schließlich am Ende unserer irdischen Pilgerschaft uns von uns selbst zu verabschieden. Aber bis es so weit ist, schreiten wir doch fort, denn nur in Bewegung entwickeln sich Dinge. Der Kirchenvater Origenes sagt: „Du bist tot an dem Tage, an dem du sprichst: Es ist genug! Darum tu immer mehr, gehe immer vorwärts, sei immer unterwegs; niemals gehe zurück, und weiche nie vom Wege ab!"
Und selbst wer sich außer Stande sieht, voranzuschreiten, wird in all seiner beharrlichen Stabilität und in all seinem Wunsch, Dinge anzuhalten, dies nicht vermögen. Denn wie bereits der griechische Naturphilosoph Heraklit im sechsten Jahrhundert vor Christus erkannt hat, ist alles im Fluss: „Panta rei". Und um zu zeigen, dass es eine Einheit der Dinge in der fortschreitenden Veränderung gibt, hat er festgestellt: „Niemand kann zweimal in denselben Fluss steigen."

Auszug aus sich selbst

Diese immer währende Bewegung, ob wir sie nun selbst steuern oder von ihr gelenkt werden, ist das Urbild des Gehens und der Pilgerreise. Freilich hat das pilgernde Unterwegs-Sein nichts mit sportlichem Leistungsdenken und auch nichts mit Abenteuertum zu tun. Denn der Pilger geht nicht, um Neues zu erleben, sondern um selbst neu zu werden. Und dabei stellt er fest, dass die Welt durch das Gehen größer wird, als man sie selbst auf der längsten Flugreise erlebt. Es stimmt eben: Nur wo du selber warst, bist du auch tatsächlich gewesen. Und das gilt für den Weg ebenso wie für Gedanken. Nur die, die man selbst entwickelt, und nicht jene, die man aus strategischen oder ideologischen Gründen oder auch aus Angst von Vorgesetzten übernommen hat, sind jene, hinter denen man steht.
Aber nicht allein der physische Auszug aus der Heimat und das täglich neue Aufbrechen sind Sinn der Pilgerschaft, sondern der „Auszug aus sich selbst", wie der Benediktiner Anselm Grün schreibt: „Wir haben auszuziehen aus dem Land der Sünde, des Egoismus, aus dem eigenen Ich, und wir sollen einziehen in das Land, das Gott uns zeigen will, in das Land der Tugend, das in uns selbst ist."
Das Pilgern wird so über den Weg, der irgendwann an ein Ziel führt, „eine spirituelle Haltung, eine Lebensform, die allen Handlungen als Grund dient und die

alles durchstrahlt. Es ist das Bewusstsein, auf dem Weg zu sein, nicht mehr zurückzukehren, um dort wieder zu beginnen, wo man geistig weggegangen ist", stellt Andreas Aigner in seiner Dissertation fest.
Diese Haltung entspricht auch dem Wortsinn „Pilgern", der sich vom Lateinischen „peregrinatio" ableitet, was nichts anderes heißt als fremd sein. Galt in der Antike der Pilger den heimatverbundenen Sesshaften als Fremder, ja sogar als rechtloser Feind, so ist sich der Pilger heute selbst ein Fremder. Denn auf dem Weg erlebt er sich, vor allem, wenn es sich um Menschen mit urbanen Lebensformen handelt, fremd in einer Natur, die alle seine gedachten Abstraktionen aufhebt und ihm dafür einen Realbezug zu Sach- und Zeitdimension vorschreibt.
Pilgern ist also ein Abenteuer, und wenn schon kein gefährliches im Sinne einer Bedrohung für Leib und Leben, so doch ein geistiges, in dem man sich auf neue Denkstrukturen einlässt.

M E I N T I P P

Wenn du dich wirklich intensiv auf das Pilgern einlassen willst, dann verzichte auf einen Fotoapparat. Der Vorteil: Du ärgerst dich nicht, wenn das gewünschte Motiv gerade nicht im optimalen Licht ist, und hast keinen Stress, wenn andere Gründe das Bild nicht so perfekt werden lassen, wie du es dir vorstellst. Um für später dennoch passable Bilder zu haben, kannst du andere Pilger bitten, dir welche zu verkaufen. Und wenn diese nicht so ganz deinen Vorstellungen entsprechen? Du weißt doch, dass die besten Bilder jene sind, die du dir im Herzen einprägst.

Wir dürfen nicht denken, warum wir gehen, sagt Oehler, denn dann wäre es uns bald nicht mehr möglich, zu gehen und konsequent weiter, wäre uns bald überhaupt nichts mehr möglich, wie auch, wenn wir denken, warum wir nicht denken dürfen, warum wir gehen und so fort, wie wir auch nicht denken dürfen, wie wir gehen, wie wir nicht gehen, also stehen, wie wir nicht denken dürfen, wie wir, wenn wir nicht gehen und stehen, denken und so fort.

Thomas Bernhard: Gehen

6. Gott wandert mit den Menschen

Pilgern als lebendiges religiöses Erlebnis

Vor Begegnungen mit größeren Menschengruppen hatten Ulla und ich Angst. Auf dem mehrtägigen Fußweg, der schon Maria und Joseph von Nazareth „hinauf nach Bethlehem, in die Stadt Davids" geführt hatte, waren wir uns der Gefahren einer Wanderung durch Palästina/Israel zur Zeit der Intifada wohl bewusst. Wir befürchteten, von einer Horde bettelnder Kinder umringt zu werden, auch von Erwachsenen und nicht minder neugierigen Alten, die uns zunächst misstrauisch begegnen würden.
Sie alle würden uns sicher bedrängen, auf uns einreden, auf Arabisch selbstverständlich, denn Englisch sprechen nur die wenigsten Palästinenser in den entlegenen Dörfern der Westbank. Und sie alle würden etwas von uns wollen: Kugelschreiber, T-Shirts, vielleicht auch Geld.
Auch erinnerten wir uns an die Warnung jüdischer Freunde, die ich in Jerusalem noch bagatellisiert und als Propaganda abgetan hatte. Sie hatten gemeint: „Die Situation ist so aufgeheizt, dass Araber jeden Fremden als feindlichen Israeli betrachten und ihm die Kehle durchschneiden." Und tatsächlich: Hätte die zahnlose arabische Alte in Faqua, oben am Gilboa-Gebirge, ein echtes Gewehr in der Hand gehabt, wer weiß, ob sie nicht auch geschossen hätte. Ihre eindeutige Gestik und ihr entsetztes Rufen „buff-buff-buff" und „Yahud, Yahud" („Juden, Juden") hatten uns jedenfalls einen gehörigen Schrecken eingejagt. Zwei Wegstunden vor Zababde trat dann die befürchtete Situation ein: Wir kamen an eine Kreuzung, an der wir nicht mehr weiterwussten. Wir beschlossen, nach dem Weg zu fragen, und klopften an eine Haustür. Diese blieb vorerst verschlossen, durch die geöffneten Fenster riefen wir hinein. An unseren bescheidenen Arabischkenntnissen und an unserer Aussprache war erkennbar: Das sind Fremde. Und so öffnet sich die Tür des unverputzten Einfamilienhauses, mit den zerrupften Hühnern und dem abgenutzten Spielzeug im Garten, auch nur zögerlich. Als uns die Frau des Hauses sieht, verschwitzt, staubig, ratlos und mit

Der Aufbruch

viel zu schweren Rucksäcken beladen, realisiert sie: Von diesen beiden geht keine Gefahr aus.
Was uns daraufhin zuteil wird, ist der Reichtum arabischer Gastfreundschaft: Sessel werden uns gerichtet, man hilft Ulla beim Abladen ihres Rucksacks, man trägt Tee auf und auch noch Kaffee, serviert Kekse, bietet uns Zigaretten an und reicht uns Käse in Olivenöl. Den wir – wir geben es zu – am liebsten nicht gekostet hätten. Immer größer wird die Zahl der dunkelhäutigen Kinder um uns; manche von ihnen haben rotzige, von Fliegen umschwirrte Nasen. Auch junge Mädchen und Burschen gesellen sich zu uns, und nach und nach schleppen sich auch ein paar alte Männer und Frauen aus der Nachbarschaft heran, um uns neugierig zu bestaunen. Sie sehen in uns Menschen, denen sie sonst in dem abgelegenen Dorf der Westbank kaum jemals begegnen: Fremde, die keine Israelis sind und die sie nicht zu fürchten brauchen.

In der Ungewissheit

Eine Episode auf dem Pilgerweg. Eine, an die wir uns gerne erinnern, weil sie für uns doch eine besondere war. Je länger die Tour hinter uns liegt, desto klarer wird uns nämlich: Diese Begegnung dauerte nur eine Stunde und hatte doch all das, was das Pilgern ausmacht: Wir erlebten das Fremd-Sein, das Ausgeliefert-Sein, das Angenommen-Werden, die Gastfreundschaft, das Beschenkt-Werden und schließlich den Aufbruch und das Abschiednehmen. Und zu guter Letzt die Verwunderung über uns selbst, wie sehr wir doch Angst vor den Fremden hatten. Dass dieser Weg nicht nur eine Wanderung blieb, sondern uns darüber hinaus bereicherte, ist unter anderem dieser Begegnung zu verdanken. Wir teilten damit die Erfahrung zahlreicher Pilger, die immer wieder von ergreifender Anteilnahme, Hilfestellung und Gastfreundschaft auf ihren Wegen berichteten. Wer selbst Zuwendung erfährt, der öffnet sich auch anderen. Dieser Prozess ist so bedeutsam, dass er auch im Neuen Testament mehrfach beschrieben wird, etwa beim Evangelisten Lukas (24,13–50): Auf dem Weg nach Emmaus nimmt ein Fremder, der zunächst nicht als Jesus erkannt wird, Anteil am Schmerz der beiden Jünger, die die drei Tage zuvor erfolgte Kreuzigung ihres Herrn beklagen. In seiner Anonymität tröstet sie Jesus, indem er ihnen darlegt, dass dieser Tod notwendig gewesen sei. „Musste der Messias nicht all das erleiden, um so in seine Herrlichkeit zu gelangen?“ All das ereignete sich auf dem Weg in das „sech-

zig Stadien von Jerusalem“ entfernte Emmaus. „So erreichten sie das Dorf, zu dem sie unterwegs waren. Jesus tat, als wollte er weitergehen, aber sie drängten ihn und sagten: Bleib doch bei uns, denn es wird bald Abend, der Tag hat sich schon geneigt. Da ging er mit ihnen hinein, um bei ihnen zu bleiben. Und als er mit ihnen bei Tisch war, da nahm er das Brot und gab es ihnen. Da gingen ihnen die Augen auf und sie erkannten ihn.“
Sprichwörtlich ist auch die Zuwendung des barmherzigen Samariters, der einen Mann, der auf seinem Weg zwischen Jericho und Jerusalem Räubern zum Opfer gefallen ist, verpflegt. In seiner Dissertation „Zur Spiritualität des Pilgerns“ hat der Theologe Andreas Aigner für die These, dass Pilgern eine Solidaritätserfahrung ist, einige Belege gesammelt. So sagt ein nicht näher beschriebener Gottfried: „Alle spontanen Beziehungen zu Menschen haben gezeigt, dass ich auf die anderen angewiesen bin als ein Unterwegs-Sein zu den anderen.“ Und ein anderer Pilger fasst seine Wegerfahrung zusammen: „Ich habe etwas in diesen einunddreißig Tagen der Einsamkeit und Stille verstanden: dass ich nicht allein bin, dass ich nicht einmal als eine Art selbstbewusstes Individuum existiere, dass ich kein unabhängiges Ich bin und die in mir liegenden Möglichkeiten verwirklichen kann.“

Ein Name, ein Programm

Das ist es: Der Pilger erfährt sich selbst, er spürt sich und erkundet sich, um dann aber nicht egozentrisch bei sich selbst stehen zu bleiben, sondern um in seinen Empfindungen fortzuschreiten. Und so gelangt er von sich zum Mitmenschen und entwickelt sich fragend weiter. Vor allem, wenn er durch Palästina/Israel pilgert, findet er rasch Zugang zur Bibel, wobei er das Alte Testament neu zu interpretieren lernt. Die Propheten und die Bücher der Weisheit sowie den Psalter nimmt er nicht bloß als Bet- oder Geschichtsbuch Israels wahr, sondern als eine unendliche Liebesbezeugung Gottes gegenüber seinem auserwählten Volk. Gott verpflichtet sich Israel freiwillig, indem er vor Moses seinen Namen im brennenden Dornbusch ausspricht. Auf die Frage des Mose, wer ihm denn aus dem brennenden und doch nicht verbrennenden Busch den Auftrag gebe, sein Volk aus der Knechtschaft Ägyptens herauszuführen, antwortet Gott: „Ich bin der Ich-bin-da“ (Exodus 3,13 f.). Diese auf die Gegenwart bezogene Selbstbeschreibung Gottes lässt sich theologisch in zwei Richtungen erweitern: in die Vergangenheit und

in die Zukunft. Was nichts anderes heißt als: „Ich war immer da – von Anbeginn an“ und: „Ich werde immer da sein bis ans Ende der Tage.“ Wie aber ist dieses „Dasein“ denn anders zu interpretieren, als ein Für-euch-da-Sein, ein Mit-euch-Sein! Der Name ist somit Programm, und dieses besteht in der Zusicherung Gottes, seinem auserwählten Volk in der Geschichte beizustehen. Und wie das Buch Numeri (9,15–23) weiter berichtet, begleitet Jahwe sein Volk durch die Wüste in Form einer Licht spendenden und somit Weg weisenden Feuersäule bei Nacht und als Schatten gebende Wolke bei Tag. Claus Westermann, einer der großen Bibeltheologen des letzten Jahrhunderts, fasst dies folgendermaßen zusammen: „Der Geschichte der Natur und der Geschichte der Menschheit liegt ein unbedingtes Ja Gottes zu seiner Schöpfung, ein Ja Gottes zu allem Leben zugrunde, das weder durch irgendwelche Katastrophen im Lauf der Geschichte noch durch Verfehlungen, Verderbnis, Empörung der Menschheit erschüttert werden kann. Die Zusage Gottes bleibt ehern fest, solange die Erde steht.“ Das Volk Israel ist also in seinem Wesen ein wanderndes Volk, das von seinem Gott begleitet wird. Die früheste Weggeschichte finden wir im Buch Genesis (12,1–3), wo Abraham sich auf den Weg macht, um den Verheißungen Gottes zu folgen: „Zieh weg aus deinem Land, in das Land, das ich dir zeigen werde. Ich werde dich zu einem großen Volk machen.“ Dieser Auszug wird zum Urbild des Glaubens, der freilich bald auf die Probe gestellt wird, als Gott Abraham befiehlt, seinen Sohn Isaak zu opfern. Der Benediktiner Anselm Grün setzt diese biblische Stelle in Beziehung zu unserem Lebensweg. Er schreibt: „Der Vater soll seinen Sohn opfern, das Liebste, was er hat. Ist das nicht auch ein Bild für unseren Weg, auf dem wir verwundert über Gottes Wege dahingehen, grübelnd, ob wir wohl loslassen können, was er von uns verlangt?“

Weitere Weggeschichten finden sich beim Propheten Elias (1 Könige 19), der vom Norden des Landes bis auf den Sinai zieht, um Königin Isabel zu entkommen, die ihm nach dem Leben trachtet. Dass der Weg nicht immer ein Glaubensweg, sondern auch ein Fluchtweg sein kann, zeigt Jona, der sich dem Auftrag des Herrn zu entziehen sucht und von diesem aber wohlbehalten im Bauch eines Walfisches zurückgebracht wird. Der Beistand Gottes gegenüber seinen Geschöpfen ist eines der Hauptmotive im Alten Testament. Dementsprechend häufig kehrt das Thema auch wieder. Dazu zwei Beispiele: „Mitten unter euch will ich wandeln, will euch Gott sein, und ihr sollt mein Volk sein! Ich, der Herr, bin euer Gott, der euch aus Ägypten fortgeführt hat, damit ihr nicht länger Sklaven seiet! Ich zerbrach die Stäbe eures Joches und ließ euch in aufrechter Haltung dahingehen“ (Levitikus 26,12 f.). Bei Jesaja (43,2) heißt es: „Schreitest du auch durch Wasser, ich bin bei dir, durch Ströme, sie schwemmen dich nicht fort; gehst du durchs Feuer, du wirst nicht versengt, und die Flamme verbrennt dich nicht!"

Ein Feind, ein Freund

Auch das Neue Testament kennt eine Reihe von Weggeschichten. Und sie alle haben einen tiefen Sinn. Etwa jener Ausspruch Jesu bei Matthäus (5,41): „Und wenn dich einer zwingen will, eine Meile mit ihm zu gehen, dann geh zwei mit ihm." Der Hintergrund: Die Römer hatten das Recht, einen Juden zu zwingen, sie als Lastenträger oder auch als Wegweiser eine Meile zu begleiten. Jesus geht noch einen Schritt weiter und sagt: Gehe freiwillig mit dem verhassten Römer die doppelte Wegstrecke, und du wirst aus einem Feind einen Freund machen. Eine beliebte Wegerzählung ist die der drei Weisen aus dem Morgenland, in der sich viele Gläubige wiederfinden. Sie gehen selbst, wie auch die Magier, einem Stern nach. Und nicht selten tun sie dies fragend, suchend, erschöpft, enttäuscht und doch einer tiefen Sehnsucht folgend. In den Evangelien wird betont, dass Jesus zu den Menschen geht und nicht wie ein König auf seinem Thron sitzt und sie zu sich kommen lässt. So heißt es bei Matthäus: „Jesus wanderte durch ganz Galiläa, lehrte in ihren Synagogen, predigte das Evangelium vom Reiche und heilte jegliche Krankheit und jegliches Gebrechen im Volke." Jesus, der Wanderer, der als Gast bei den Menschen einkehrt. Ein Urmotiv, das wir schon in der von Ovid ausgestalteten phrygischen Volkssage von Philemon und Baucis finden. Die betagten Eheleute sind als Einzige bereit, Zeus und Hermes, die unerkannt auf der Erde umherwandern, zu bewirten. Als Dank dafür verwandeln die Götter die armselige Hütte in einen prächtigen Tempel. Darüber hinaus schenken sie ihnen auch ein Leben nach dem Tod, indem sie die beiden in Bäume verwandeln. Philemon in eine Eiche, Baucis in eine Linde. Wandern, pilgern, fortschreiten, suchen, hoffen, auf dem rechten Weg zu sein – diese Schritte prägten viele Kulturen. Aber niemals wurden sie so radikal eingefordert wie von Jesus – nachzulesen bei Lukas (9,61 f.): „Wieder ein anderer sagte: Ich will dir nachfolgen, Herr. Zuvor aber lass mich von meiner Familie Abschied nehmen. Jesus erwiderte ihm: Keiner, der die Hand an den Pflug gelegt hat und nochmals zurückblickt, taugt für das Reich Gottes."

7. Abstieg in die Tiefe, Aufstieg in die Höhe

Von der Technik, sich für neue Erkenntnisse geistig frei zu machen

Ein Pilger kann das eine Mal müßig schlendern, das andere Mal aber forsch ausschreiten. Er kann sich körperlich bis an seine Grenzen heranwagen und vielleicht doch nichts von alldem verspüren, was andere Pilger auf ihrem Weg so fasziniert hat: den Dreischritt, sich von Alltäglichem zu lösen, eine gedankliche Leere zuzulassen, um sich mit neuen Empfindungen zu erfüllen.
Um dies zu erreichen, gibt es verschiedene Methoden. Eine, die von Menschen innerhalb und zunehmend auch außerhalb der Kirche gerne nachvollzogen wird,

ist die Einübung in die Theologie von Meister Eckehart, einem der bedeutendsten Mystiker des Christentums. Der um 1260 bei Erfurt geborene Dominikaner lebte und lehrte viele Jahre an der Universität von Paris, wo er seinen „Magister" erwarb und wo ihm auch der „Meister"-Titel verliehen wurde. Später war er Prior, Provinzial und Generalvikar seines Ordens für Böhmen. Mit Sicherheit war Eckehart einer der gelehrtesten Männer seiner Zeit, der neben seiner hohen Begabung von einer tiefen Frömmigkeit durchdrungen war. Seine Grundaussage: Man muss Kontemplation in einer Welt der Aktivität üben.

Ziel des Pilgers ist es, sich Gott zu nähern. Dabei hilft Eckeharts Mystik, die auch als eine intellektuelle bezeichnet wird, wenngleich sie keinen raschen Zugang zu dem höchsten Wesen erschließt. Es ist kein Schnellverfahren, sondern eine langsame Einübung, die zudem kritisch mit dem vermeintlichen Gläubigen umgeht: „Der Mensch soll nicht bloß einen gedachten Gott haben und es sich bei diesem genug sein lassen. Wenn der Gedanke vergeht, so vergeht auch der Gott. Vielmehr: Man soll einen wesenhaften Gott haben".

Das Leer-Werden und die neue Erfüllung durch eine Selbst- und Gotteserfahrung setzt die Bejahung der These voraus, die besagt: Die Welt und Gott sind eine Einheit. So wie „die Truhe des Künstlers keine Truhe ist, sondern Leben und Denken des Künstlers, sein lebendiger Entwurf, so ist eben auch die Welt ein lebendiger Entwurf Gottes."

Die Dinge sind daher eins mit Gott, vor allem die Seele: „Ich habe eine Kraft in meiner Seele, die für Gott ganz und gar empfänglich ist. Ich bin des so gewiss, wie ich lebe, dass nichts mir so nahe ist wie Gott. Gott ist mir näher, als ich mir selber bin; hängt doch mein Sein daran, dass Gott mir nahe und gegenwärtig sei. Er ist es auch einem Steine oder einem Holze, aber sie wissen nichts davon. Wüsste das Holz von Gott und erkennte es, wie nahe er ihm ist, so wie der höchste Engel dies erkennt – das Holz wäre ebenso selig wie der höchste Engel. Eben darum ist ja der Mensch seliger denn ein Holz, weil er Gott erkennt und weiß, wie nahe Gott ihm ist."

Leer werden

Die Einheit mit Gott dient als Voraussetzung für die Leere, die nicht existenzielle Bodenlosigkeit bedeuten darf, sondern „inneres Schauen und Verkosten der Dinge, das die Seele sättigt". Daher postuliert Eckehart: „Wo ich meine Ich-Bindung an bestimmte Orte und Zeiten loslasse, kann ich üben, dich, meinen Gott, an allen Orten und zu jeder Zeit zu finden."

Was nichts anderes bedeutet, als dass ich hier und nun für Gott nicht bereit bin, wenn ich gedanklich an jene Zeiten und Orte zurückkehre, an denen er mir früher einmal so nahe erschienen ist und an denen ich glaube, ihn wiederfinden zu können.

Beim Pilgern geht es aber genau darum: dass man sich von Sehnsüchten, Wünschen und Emotionen frei macht, sie zurücklässt, um dafür Neuland zu entdecken.

Als Pilgernder setzt man sich neuen Erfahrungen aus, lässt sie zu und schreitet progressiv voran. Dabei verzichtet man nicht auf seine Prägung durch die bisherige Lebenserfahrung, aber man geht seinen Weg in einer grenzenlosen Offenheit für neue Erkenntnisse. Der Wanderer, wenn er sich für ein paar Tage oder auch ein paar Wochen zu Fuß aufmacht, kann sich stets im Klaren sein: „Ich befinde mich in einer Ausnahmesituation, in der ich mir vieles gestatten kann, was in der alltäglichen Verantwortung gegenüber Mitmenschen und Arbeit nicht möglich ist."

Erfolgreich, so haben es viele Pilgernde erfahren, war ihr Weg aber vor allem dann, wenn sie es geschafft haben, ihre neuen Erfahrungen in ihr normales Leben einfließen zu lassen.

Thomas sagte zu ihm: Herr, wir wissen nicht, wohin du gehst. Wie sollen wir dann den Weg kennen? Jesus sagte zu ihm: Ich bin der Weg und die Wahrheit und das Leben; niemand kommt zum Vater außer durch mich. Wenn ihr mich erkannt habt, werdet ihr auch meinen Vater erkennen.

Johannesevangelium 14,5

Loslassen

Um diese Leere zu erleben, geht es aber um ein Loslassen in einem weiteren Punkt: bei jenem der Emotionen. Oder wie der Mystiker schreibt: „Wo ich meine Ich-Bindung an bestimmte Stimmungen und Gefühle loslasse, kann ich üben, dir, meinem Gott, durch jeden Zustand meines Lebens näher zu kommen."

Dies ist ein wesentlicher Bereich. Ist es doch von ungeheurer Wichtigkeit, sich von Verantwortlichkeiten frei zu machen, indem man Aufgaben delegiert. Das betrifft Äußerlichkeiten, sein Innenleben kann man freilich nicht so einfach ordnen. Wer das aber nicht schafft, dem wird es nachhängen und er wird mental nie dort sein, wo er gerade körperlich ist: beim Gehen über eine blumenübersäte Almmatte oder bei der Überquerung bizarren Kalkgesteins. Vielmehr wird er an seine Arbeitsstelle denken, an seine Familie, an Freunde. Er ist überall, nur nicht bei sich.

Meister Eckehart will sagen: Wir Menschen, vor allem wir Westeuropäer der Postmoderne, aber selbst die alten Mönchsväter, die „schwere Gedanken" als „Dämonen" bezeichneten, haben nicht ausreichend gelernt, mit Gefühlen umzugehen. Wir verdrängen sie, was oft dazu führt, dass sie unkontrolliert wieder hochkommen und uns beherrschen. Oder wir negieren sie, was wiederum zu Ängsten führt, die sich auch im Unterbewussten einnisten.

Sich ausgleichen

Nach Eckehart geht es aber darum, mit Gefühlen in balancierte Übereinstimmung durch Distanzierung zu kommen. Etwa: „Ich habe Angst, aber ich bin nicht meine Angst."

Menschen mit schweren emotionellen Verstimmungen fühlen sich oft allein. Sie denken, ihr Schicksal teile sonst niemand und niemand könne sie verstehen. Da lohnt es sich, manches Mal zu relativieren, indem man seine eigene Singularität in Frage stellt. Eine wunderbare Möglichkeit dazu ist es zum Beispiel, in den Psalmen zu lesen. Im Psalm 18 etwa heißt es in Bezug auf „schwere Gedanken": „Mich umfingen die Fesseln des Todes, mich erschreckten die Fluten des Verderbens. Die Bande der Unterwelt umstrickten mich, über mich fielen die Schlingen des Todes."

Dieses Herausschreien der Gefühle vor Gott hilft. Als reinigender Prozess der Artikulation und als Erfahrung, dass Gott in Notsituationen eingreift. Der Psalm geht weiter: „Er griff aus der Höhe herab und fasste mich, zog mich heraus aus gewaltigen Wassern. Er entriss mich meinen mächtigen Feinden, die stärker waren als ich und mich hassten." Das Alte Testament ist eben nicht nur das Geschichtsbuch des Volkes Israel, sondern auch die Beschreibung existenzieller Nöte.

Der Pilger, der seit Tagen auf dem Weg ist, findet immer stärker seinen Rhythmus. Er spürt, dass er in einer langen Tradition von Menschen steht, die denselben Weg vor ihm gegangen sind. Er nimmt neue Empfindungen auf, weil seine Sinne wach geworden sind für all das Schöne in dieser Welt. Und doch beschäftigt ihn die Frage nach dem Sinn. Im Gehen rühren wir nämlich an unserer tief im Herzen sitzenden Sehnsucht, über diese Welt hinauszuschreiten.

C. G. Jung nennt das Wandern einmal „ein Bild der Sehnsucht, des nie rastenden Verlangens, das nirgends ein Objekt findet, des Suchens nach der verlorenen Mutter". Die Suche nach der verlorenen Mutter ist für Jung die Suche nach dem Paradies, nun aber nicht als Rückschritt in eine urzeitliche Erinnerung oder ein frühkindliches Glücksempfinden, sondern als Progression. Als Fortschreiten hin zu einer letzten Geborgenheit, die uns kein Mensch, keine Erde, sondern nur Gott allein bieten kann. Auf ihn bewegt sich zu, wer bewusst geht.

Die Erfüllung

Dabei ist es durchaus dienlich, nicht allein die Beziehung zwischen sich und seinem Schöpfer festzumachen, sondern im biblischen Sinn durchaus den „Umweg" über den Mitmenschen zu nehmen. Sagt doch auch Jesus: „Was du dem Geringsten unter meinen Brüdern getan hast, das hast du mir getan."

Und so sieht dies auch Meister Eckehart, wenn er schreibt: „Wenn ich deine Geburt in mir geschehen lasse, schenke ich dir große Freude."

Ein ungewöhnlicher Satz. Einer, der provoziert und die ganze Theologie auf den Kopf zu stellen scheint, die besagt: Gott schenkt uns Freude, nicht wir ihm. Aber gerade davon ist der Mystiker überzeugt. Seine Logik: Je reiner und selbstloser ein Mensch ist, umso mehr freut er sich ungeteilt über alles Gute, das ein anderer Mensch tut. Wie viel mehr wird sich dann aber erst Gott über vieles freuen, was er am Menschen entdeckt. Die biblische Grundlage findet der Mystiker im Lukasevangelium (15,7): „Im Himmel wird Freude sein über einen Sünder, der Buße tut."

Damit man dies auch umsetzen kann, ist folgender Gedanke des Mystikers hilfreich: „Meditiere einen Menschen, der dir sehr nahe steht und der dir sehr lieb ist. Lasse dich dabei von der Freude durchdringen, dass all das Gute und Schöne, das er verkörpert, auch Gutes und Schönes in dir auslöst."

Dies ist der letzte Schritt zum Ziel, das lautet: „Wenn ich deine Geburt in mir geschehen lasse, spielst du mit mir das heilige Spiel deiner Liebe."

Das einzige Ziel, auf das sich der Christ auf seinem geistlichen Weg zubewegt, ist die stetig wachsende Liebe. Diese Liebe hat ihre eigenen Gesetze, die sich symbolisch im „Liebes-Spiel" darstellen. Ziel eines solchen ist es, das Feuer der Liebe anzufachen, damit es heftiger brenne. Freilich kann das Wachstum der Liebe, sei es auf menschlichem oder geistig-religiösem Gebiet nur allmählich geschehen. Davon ist Meister Eckehart überzeugt: „Denn stünde der Mensch miteins in Brand, das wäre nicht gut", erkennt er. Und um dieses Feuer der Liebe immer mehr zu entfachen, spielt Gott mit dem Menschen, den er liebt, sein großes, heiliges Spiel der Liebe.

8. Heilige Reise oder Reise zu einem heiligen Ort

Vom Unterschied zwischen Pilgern und Wallfahrern

Sehr häufig werden die beiden Begriffe Wallfahren und Pilgern synonym verwendet. Und doch steht eine unterschiedliche Konzeption dahinter: Der Wallfahrt liegt die Auffassung zugrunde, dass man Gott und seinen Kräften an bestimmten, eben an „heiligen Orten", besonders nahe sein kann. Um zu diesen zu gelangen, verlässt man – wie auch beim Pilgern – die Heimat und nimmt die Strapazen einer Reise auf sich. Die Erfüllung der Wallfahrt aber ist es, am Ziel angelangt, Hilfe zu erbitten und gestärkt wieder nach Hause zurückzukehren.
Wie man den Weg überwindet, ist dabei sekundär: ob mit dem Bus, mit dem Flugzeug oder mit dem Schiff. Freilich war man von biblischen Zeiten an bis ins zwanzigste Jahrhundert zu Fuß unterwegs. Da der Zielort aber wichtiger war als der Weg, kann man streng genommen auch von den im Alten und Neuen Testament beschriebenen Reisen nach Jerusalem immer nur von Wallfahrten und nicht von Pilgerreisen sprechen.
Christliche Wallfahrten sind strukturiert, zeitlich begrenzt und gesellschaftlich normiert: Es wallfahrtet eine klar umrissene Gruppe unter der Leitung eines Priesters oder eines anderen spirituellen Leiters, einen oder mehrere Tage lang, zu einem Ziel. Dementsprechend ist auch von einer Jugend-, Kranken-, Pfarr- oder Militärwallfahrt die Rede. So ist nach der Definition des Theologen Rudolf Häselhoff eine „Wallfahrt das Durchbrechen des täglichen Lebenskreises, verbunden mit dem Aufsuchen eines religiös markierten Zielpunktes zur persönlichen Orientierung. Diese Orientierung wird in besonderer Weise durch die Gemeinschaft Gleichgesinnter und das In-Verbindung-Treten mit Gott ermöglicht und durch kultische Vorgänge unterstützt."
Pilgern, das im frühen Mönchstum und im Mittelalter besonders geübt wurde, hat jedoch einen anderen theologischen Hintergrund. Es beruht auf dem Jesuswort: „Die Füchse haben ihre Höhlen und die Vögel ihre Nester; der Menschensohn hat aber keinen Ort, wo er sein Haupt hinlegen kann." Die pilgernden Mön-

che verstanden den Vers aus dem Lukasevangelium (9,58) als Ausdruck der konsequenten Nachfolge Jesu. Sie wollten sein wie er: ohne feste Bleibe, ohne Besitz, unterwegs als Fremde in der Welt.

Am steilen Südufer der Mönchsrepublik Athos bin ich vor einigen Jahren solch einem Mönch begegnet, der sich als Eremit in die Klippen zurückgezogen hat, um hoch über dem Meer permanent existenzielle Ausgesetztheit zu erfahren. Oben das Blau des Himmels, unten das des Meeres, war die kleine Höhle dennoch kein Ort romantischer Gefühle. Schon der Zugang war sehr ausgesetzt, und die Klause selbst bestand nur aus einem einzigen Raum. Den hat er sich mit Treibgut aus dem Meer über Jahre hinweg „eingerichtet". „Wenn ich mich heimisch fühle, dann werfe ich alles über den Felsen hinunter und beginne von neuem zu sammeln." Wie Sisyphos steht er dann wieder am Anfang. Mit dem Unterschied, dass der Mönch dieses Schicksal freiwillig wählt. Sein Beweggrund: „Ich darf mich hier nicht zu Hause fühlen. Die Erde ist nur ein Durchgangsstadium, und wir sind auf einer Pilgerreise."

Aus diesem Grund, aber auch aus der Notwendigkeit, sich zu verteidigen, haben Mönche in der Wüste Juda, beginnend mit dem frühen fünften Jahrhundert, ihre

Klöster an schwer zugänglichen Orten errichtet. Wie ein Schwalbennest klebt das Georgskloster zwischen Jerusalem und Jericho am Abhang zum Wadi Kelt. Noch ausgesetzter ist nur noch jenes Kloster über Jericho an die Felsen gebaut, in dem griechisch-orthodoxe Mönche heute noch des vierzigtägigen Fastens Jesu und der damit verbundenen Versuchungen gedenken.

Geburt eines neuen Menschen

Ob man unterwegs ist oder fest an einem Ort verweilt – wichtig ist, dass das Pilgern ein stark individuell geprägter Vorgang ist. Pater Severin sagt in dem Interview „Abbild des Lebens“: „Schon wenn jemand neben mir geht, beeinflusst mich das. Ich wollte auf dem Weg meinen eigenen Rhythmus finden.“
Zudem ist eine solche Pilgerschaft nicht unbedingt auf ein bestimmtes Ziel hin ausgerichtet, sondern sie kann ein Leben lang dauern. In der Ahnung, dass es noch etwas anderes als nur das Momentane gibt, sind Menschen ein Leben lang unterwegs zu einem Ziel. Von ihm sagt Jesus: „Ich gehe voraus und bereite euch eine Wohnung bei meinem Vater.“
Das Ziel ist nicht ein Ort, sondern die endgültige Ankunft: Die Ruhe in mir. Das Ende alles Getrieben-Seins von Sehnsüchten, Begierden und Wünschen. Es ist die vollkommene Einheit mit mir selbst und mit Gott. Wir sind an jenem Ort, von dem wir bei Begräbnissen zu den Hinterbliebenen sagen: „Dort, wo der Verstorbene ist, da gibt es keine Not, keine Trauer.“ Und auch keine Urangst mehr vor dem Tod. Denn was mit dem Tod gestorben ist, ist der Tod. Und nicht das Leben.
Um nun von dieser Unendlichkeit etwas in die Begrenztheit von Raum und Zeit hereinzuholen, pilgern wir. Wir begeben uns auf eine spirituelle Reise, die im Konkreten mehrere Rahmenbedingungen kennt. Eine davon ist, dass man sich nicht nur eine kurze Zeitspanne von wenigen Tagen für das In-sich-Gehen gönnt, sondern eine längere. Alle Pilger stellen nämlich übereinstimmend fest: „Erst nach mehreren Tagen findet man zu sich.“
Das verstanden auch die Menschen im Mittelalter, die stark der Zahlenmystik verhaftet waren: Sie pilgerten vier Monate nach Santiago de Compostela, blieben einen Monat dort und wanderten vier Monate wieder zurück. Neun Monate dauerte eine Pilgerreise, neun Monate waren sie bis zur Geburt eines neues Menschen in sich unterwegs.

Der Aufbruch

3u.4 WALLFAHRTSWAREN 3u.4

KAPITEL II:

Der Weg

1. „Unten ohne" – Wege zur Entfaltung der Sinne

Von der Möglichkeit, durch unterschiedliche Technik des Gehens die körperliche Wahrnehmung zu stärken

„Ich war erst ein kleines Stück auf der alten Carlisle-Straße gegangen, als ich Brooks Clark sah, der jetzt an die achtzig ist und krumm wie ein Bogen. Er eilte die Straße entlang, barfuß wie gewöhnlich, mit einer Axt in der Hand – vielleicht war er in Eile, weil ihn die Füße in dem kalten Wind froren. Als er zu mir kam, sah ich, dass er außer der Axt in der einen Hand seine Schuhe in der anderen trug, mit knorrigen Äpfeln und einem toten Rotkehlchen darin. Wäre er ein junger Mann gewesen, hätte er wahrscheinlich aus Scham seine Äpfel weggeworfen und seine Schuhe angezogen, als er mich kommen sah. Aber das Alter ist souveräner, es hat gelernt zu leben und entschuldigt sich nicht bei jeder Gelegenheit. Brooks Clark scheint mir ein sehr mannhafter Mann zu sein."

Auf Henry David Thoreau (1817–1862), einen amerikanischen Philosophen, Landvermesser und Wanderer, aus dessen Tagebuch dieses Zitat stammt, berufen sich viele passionierte Barfußgeher der Gegenwart. Sie lassen sich die Füße vom Gras kitzeln, die Sohlen vom rauen Asphalt massieren und genießen es, wenn der Matsch nach dem Regen zwischen ihren Zehen hervorquillt.
Sie tun dies aus derselben Überlegung heraus, aus der sich auch Pilger auf den Weg machen: Sie wollen der bloßen „Kopfarbeit" entgegenwirken und durch die Entfaltung der Sinne den Körper als Einheit von Organismus, Intellekt und Seele erfahren.
Beim „Unten-ohne"-Gehen spüren sie, dass kein Schuhprofil im Gelände so griffig ist wie die Fußsohlen. Die Füße ermüden langsamer, weil sie nicht eingesperrt sind. Wasserlachen sind kein Hindernis, sondern eine willkommene Abkühlung. Wer die direkte Bodenhaftung sucht, der verändert auch seine Gehtechnik: Mit nackten Füßen tritt man nicht mit der Ferse, sondern mit dem Ballen oder mit dem ganzen Fuß auf. Das verursacht weniger Rückenschmerzen. Anfänglich wirst du vielleicht an einem stärkeren Muskelkater leiden, da andere Muskelgruppen beansprucht werden als beim Gehen mit Schuhen.
Wenn du später im Jahr oder auch nur an kühlen Tagen barfuß wanderst, wirst du womöglich Angst haben, dich zu erkälten. Tatsächlich ist das Gegenteil der Fall. Pfarrer Sebastian Kneipp hat schon vor mehr als hundert Jahren festgestellt, dass ein dosierter Kältereiz die Wärmeproduktion des Körpers anregt und dadurch den Kreislauf stabilisiert. Erfahrene und durchtrainierte Barfußgeher haben übrigens keine Scheu, auch am Weihnachtsmarkt ihre Besorgungen „unten ohne" zu machen. Dass diese Technik gesund ist, bestätigen Orthopäden und verweisen auf die wirkungsvolle Fußreflexzonenmassage, bei der auch Nervenbahnen an der Sohle massiert werden, die zu allen Organen des Körpers Verbindung haben.
Barfuß laufen ist die in der Menschheitsgeschichte am längsten praktizierte und somit auch natürlichste Gehtechnik. Für den Pilger ist sie aber nur eine von mehreren Möglichkeiten, den Weg in all seiner Intensität zu spüren.

Die Kraft der Wiederholung

Eine andere Möglichkeit, das Empfinden zu steigern, ist, ein Wegstück zweimal zu gehen. Wenn du eine Strecke von etwa zwanzig Minuten zurückgehst, siehst du diese zunächst einmal von der „anderen Seite". Und wenn du den Weg schließlich ein weiteres Mal in deine Zielrichtung gehst und ihn nicht nur mechanisch herunterspulst, sondern deinen Blick bewusst auf einen knorrigen Baum lenkst, auf einen Wassergraben, auf die spielenden Kinder vor dem Bauernhof, dann wirst du eine nachhaltige Erlebnisintensität erreichen. Monate, ja sogar Jahre danach werden diese Bilder in deinem Gedächtnis abrufbar sein. Mit einem erinnerten Bild ist es noch stärker als mit einem fotografierten: Wenn du es dir vergegenwärtigst, werden sich auch die längst vergessen geglaubten Gefühle, ja selbst Gerüche, wieder einstellen, die mit diesem Bild verbunden sind.

Die Angst in der Nacht

Solltest du das Glück haben, in einer wolkenlosen Vollmondnacht unterwegs zu sein, dann versuche, selber deine Grenzen in Bezug auf Wahrnehmung und Ängste auszuloten: Geh aus deinem Quartier – allein und ohne Taschenlampe – ein Stück eines Waldweges zurück. Rasch wirst du bemerken, wie sich deine Fantasie belebt. Wie du selbst in den sicheren Wäldern Mitteleuropas beim Knacken eines Astes im Unterholz an Räuber und wilde Tiere denkst. Es ist die Erfahrung des Ausgesetzt-Seins, die für dich im Augenblick ganz real ist. Der Gewinn durch dieses Experiment: Zurück in deinem Quartier wirst du bemerken, wie lächerlich deine Ängste waren. Du wirst aber auch an jene Menschen denken, für die Bedrohungsszenarien kein Spiel sind: an Menschen, die auf der Straße leben, an Flüchtlinge, an Menschen, für die Natur kein Abenteuerspielplatz, sondern Bedrohung ist.

Blindes Vertrauen

Wenn du nicht allein unterwegs bist, dann kannst du deinen Erfahrungshorizont durch eine weitere Facette ausloten: Gehe blind. Es ist ganz einfach: Du schließt die Augen und lässt dich von deinem Begleiter umsichtig führen. Natürlich wirst du dabei das Tempo reduzieren und achtsam auf die Stimme des anderen hören: „Gib Acht! Da ist eine Wurzel. – Steig höher! Mach einen kleinen Sprung."
Wer dies noch nie erprobt hat, wird das Gefühl des Ausgeliefert-Seins anfänglich als beklemmend und beängstigend erleben und versucht sein, die Augen zu öffnen. Halte sie aber dennoch fest geschlossen und versuche, dich nur auf die Stim-

me deines Begleiters und deine Wahrnehmung zu konzentrieren. Wenn diese Übung gelingt, stärkt sie deine Sinneskraft in besonderer Weise. Denn plötzlich beginnst du, ganz intensiv zu hören und Dinge wahrzunehmen, die du sonst nicht bemerkt hättest: das Knirschen deiner Schuhe, das Zwitschern eines Vogels. Zudem stärkt das blinde Gehen das Vertrauen in einen anderen Menschen.
Ein Letztes noch: Beschäftige deine Hände. Zupfe einen Zapfen vom Baum oder brich einen kleinen Zweig ab. Drehe, reibe die Gegenstände in deinen Händen, spiele mit ihnen, lass sie zwischen den Fingern hin- und hergleiten und rieche an ihnen. Damit gehst du in eine haptische Phase deiner frühen Kindheit zurück, als du durch Begreifen und nicht durch intellektuelle Reflexion gelernt hast. Und außerdem ist es schön, die intensive Frische eines Fichtenzweiges in der Hand zu riechen.

Meditiere die Welt um dich

Wer sich auf den Weg macht, um sich zu verändern, um aus sich herauszugehen, und wer sich die Freiheit nimmt, sich radikal zu öffnen – wer also pilgert und nicht nur wandert –, der muss auch eine meditative Haltung einnehmen. Er muss leer werden, um für Neues empfänglich zu sein. Anfänglich wirst du dich vielleicht so richtig „auspowern", ein sehr hohes Tempo wählen, richtig schwitzen und körperlich an deine Grenzen gehen. Auf diese erste Phase, die vor allem Menschen mit „sitzenden Berufen" nach langen Zeiten körperlicher Untätigkeit gut tut, folgt die zweite Phase: die der geistigen Zurüstung. Viele Meditationsschulen verordnen dafür die absolute Stille. Du setzt dich hin, atmest tief durch, entspannst dich, lässt deine Sorgen abgleiten und versuchst, dich auf deine eigene Mitte zu konzentrieren. Das klingt einfach, wenn du die entsprechende Technik beherrschst. Wer immer sich aber ohne Übung darin versucht, wird bald bemerken: Ich bin innerlich unruhig, und im Bemühen um Stille braut sich im Kopf ein Gewitter an widersprüchlichen Gedanken zusammen.

Um doch noch ans Ziel zu gelangen, empfehle ich dir nach der ersten Phase der Kraftanstrengung ein gemächliches, meditatives Gehen, bei dem du dich selbst und die Umgebung beobachtest. Und zwar solltest du dies mit den Augen eines Menschen tun, der die einfache Schönheit der Dinge sucht, ihre Funktionalität außer Acht lässt und zu einer kindlichen Freude zurückfindet. Diese Freude an den kleinen Dingen verhindert, dass du belastenden Gedanken nachhängst.

Dieses meditative Gehen ist eine Schule der Aufmerksamkeit und Achtsamkeit und sucht die Gleichzeitigkeit von „so wenig Anspannung wie gerade nötig" und „so viel Entspannung wie gerade möglich". Dabei soll deine Lebensqualität verbessert werden, indem du die Alltäglichkeit bewusst wahrnimmst und genießt. Begleite jede Bewegung mit deinem Spüren.

Gehe allein oder in einer Gruppe zumindest für eine Stunde am Tag schweigend. Beobachte dich dabei selbst: Wie gehe ich? Über die Fersen, am Ballen? Mit viel Kraft? Energisch oder schleppend? Wie ist dabei die Haltung des übrigen Körpers? Und: Wo sind meine Gedanken? Bei der Familie? Bei Problemen, die ich noch nicht gelöst habe?

Ist die Selbstbeobachtung abgeschlossen, lässt du dich auf das meditative Gehen ein: Du gehst los und konzentrierst dich auf deine Fußsohlen. Denn du sollst im Gehen immer mehr ins Gleichgewicht kommen. Der Einsatz der Kraft für die linke wie für die rechte Körperhälfte muss gleich groß sein, die Außen- und die

Innenseiten des Fußes müssen gleich belastet werden, und das Ausschlagen der bewegten Arme muss symmetrisch sein.

Deine Füße aber bleiben stets der Mittelpunkt. Ihre Bewegung soll immer mehr und mehr zu einer gleichmäßig fließenden Welle werden. Deine Füße sind das Zentrum, und ihr weiches Abrollen wird durch eine optimale Körperhaltung ergänzt. Dabei hältst du deine Wirbelsäule aufrecht, lässt Schultern, Arme und Hände entspannt hängen und öffnest den Mund. Dein Gesicht ist weich und freundlich, deine Augen glänzen und staunen über die Schönheiten am Weg. Sie lassen dich lächeln, und diese Freude wird sich in deinem ganzen Körper ausbreiten. Sie muss dir in die Glieder fahren, so wie dich eine Tasse Tee im Winter von innen wärmt.

Der so aufgerichtete und doch entspannte Körper soll beim Gehen sich selbst tragen, wobei sich das weich-rhythmische Abrollen der Füße in ihm fortsetzt und er in eine leichte Vor- und Rückwärtsbewegung gerät.

Selbst wenn du die Technik des meditativen Gehens beherrschst, können dich immer wieder Gedanken, von denen du dich lösen möchtest, einholen. Sie zu verscheuchen ist nicht einfach, aber es geht: Eine Möglichkeit besteht darin, das Problem zu neutralisieren. Gib einer Krise im Beruf oder im Privatleben einfach einen Namen (z. B. „Otto“) und sage: „An Otto darf bis heute Abend nicht mehr gedacht werden. Aber dann werde ich mich seiner annehmen.“

MEIN TIPP

Wenn du dich in die Technik des Barfußgehens einübst, dann befolge folgende Regeln, um deine Füße nicht zu malträtieren: Gehe anfänglich nicht mehr als zwei Stunden, richte deinen Blick stets auf den Weg vor dir. Das wird dich nicht nur vor spitzen Steinen und Dornengestrüpp schützen, sondern dir auch eine neue, kleine Welt (die der Ameisen und Käfer) eröffnen. Gehe anfänglich durch Wiesen ohne Fallobst (Wespenstichgefahr!) und nimm für alle Fälle eine Pinzette mit.

Der Weg

2. Gedankliche Vertiefung

Von der Möglichkeit, durch unterschiedliche Technik der Meditation die geistige Wahrnehmung zu stärken

Du gehst blind oder vielleicht auch nachts, du gehst einen Weg zweimal, du übst dich pro Tag eine Stunde lang in der Technik des meditativen Gehens – die körperlichen Voraussetzungen für die spirituelle Erfahrung des Pilgerweges hast du geschaffen. Möglicherweise fehlt dir aber noch ein geistiger Mittelpunkt, ein gedankliches Zentrum. Da gibt es viele Möglichkeiten, zwei davon möchte ich etwas näher ausführen: das Gehen mit einem Gedanken und das Gehen im Gebet. Das Gehen mit einem Gedanken ist das lange und immer wieder von neuen Ansätzen her gestaltete Nachdenken über Erkenntnisse. Die folgenden Sätze stammen von Pilgern, die ihren Weg bereits hinter sich haben.

✦ Pilgern heißt, mit den Füßen beten.

✦ Pilger! Nicht du sollst den Weg machen, sondern der Weg dich!

✦ Ich bin nicht allein auf dem Weg.

✦ Alle Dinge vereinigen sich zu einem einzigen Ganzen.

✦ Die längste Reise ist jene zu sich selbst.

✦ Die Belohnungen für die Achtsamkeit sind wunderbar.

Betrachte diese Äußerungen als Gedankenimpulse. Wenn du möchtest, kannst du dir einen Satz für jeden Tag vornehmen und über ihn nachdenken. Reflektiere ihn beim Gehen, lass deine Gedanken um ihn kreisen und kehre immer wieder zu diesem einen Satz zurück.

Die andere Möglichkeit, die vor allem im Sog der fernöstlichen Meditationspraktiken wieder an Bedeutung gewinnt, ist die des Leiergebets. Dabei ist das Jesus-Gebet, „Herr, Jesus Christus, Sohn Gottes, erbarme dich meiner", vor allem für allein Pilgernde geeignet, der Rosenkranz eher für Gruppen. In beiden Fällen geht es darum, sich durch die permanente und vollkommen automatisierte Wiederholung des Textes einen geistigen Raum zu schaffen. In ihm sammelst du dich von deiner täglichen Zerstreutheit und konzentrierst deine Gedanken. Der theologische Hintergrund: Es geht darum, sich selbst in diesen Gebeten den wichtigen Heilswahrheiten auszusetzen und das eigene Leben mit dem Glauben daran meditativ zu verknüpfen.

Dazu fiel mir später noch ein, daß Heinrich und Roderich gleich zu Anfang der Reise, in Jerissos die Nacht das Zimmer mit einem Mönch geteilt hatten und am anderen Morgen erzählten, der Mönch habe die ganze Nacht ununterbrochen gebetet: doch sicher das Kleine Jesusgebet. Und von Luvaris hatten wir in der Folge gehört, daß es die vollkommene Stufe solcher Mystiker sei, das Stoßgebet immerwährend zu sprechen, unter Tags, auch während der Arbeit, auf dem Weg, ja, auch im Halbschlaf der Nacht, wie Herzschlag und Atem und geradezu verbunden damit: zweite Natur, jeder Atemzug ein hervorgestoßenes Gebet. Es hatte mir ferner, als einem Lutheraner, den größten Eindruck gemacht, zu lesen, daß Luther von einem solchen immerwährenden Beten als von etwas Erprobtem, Gottgefälligem und hoch zu Preisendem spricht, da ich doch hätte annehmen wollen, Luther sei einer so östlichen, einer so tief dem Magischen zuneigenden Übung eher abhold gewesen.

Erhart Kästner: Die Stundentrommel vom heiligen Berg Athos

Das Jesus-Gebet

Diese kurze Akklamation, die vor allem in der Ostkirche gebetet wird, wurde im Westen vor allem durch das Buch „Aufrichtige Erzählungen eines russischen Pilgers“ bekannt. Es besteht nur aus dem einen Satz „Herr Jesus Christus, Sohn Gottes, erbarme dich meiner“. „Wichtig dabei ist nicht der Inhalt, sondern einzig und allein der Rhythmus“, erklart der Franziskaner Pater Fritz. „Die ständige Wiederholung führt zu einem Zustand der absoluten inneren Ruhe.“ Er habe nie so viel gebetet wie auf seinen Pilgerwegen. Aber er habe sich kein Pensum vorgenommen, sondern das Gebet, dieses Atemholen der Seele, geschehen lassen. Als Hilfsmittel hat Pater Fritz eine Gebetsschnur mit 100 Perlen verwendet – in Anlehnung an die Christen im Osten, die ebenfalls 100 Perlen aufgefädelt haben. Diese Schnur, die meistens aus Olivenholzperlen besteht, trägt in sich bereits ein Mysterium. So sind in Anlehnung an die sieben Sakramente sieben Wollfäden, meist in den Farben Blau oder Schwarz, miteinander verwoben.
Eine Gebetsschnur macht man nie für sich selbst, sondern immer nur für einen Freund oder eine Freundin. Und wer daran arbeitet, ist ins Gebet und in Gedanken an denjenigen vertieft, der sie später verwenden wird.

Der Rosenkranz

Der Rosenkranz ist ein wenig in Verruf geraten. Vielen gilt das gedankenlose Herunterleiern von Gebeten als Anachronismus. Aber diese Gedankenlosigkeit ist ja gerade das Besondere. Das Gebet entzieht sich der intellektuellen Reflexion und schafft genau das, was auch „fortschrittliche Christen“ am Buddhismus fasziniert: die mystische Vertiefung. Wer den Rosenkranz betet, der sollte sich beim Gehen auf den Einklang von Wort, Schritt und Atmung einüben. Dann ist die Vertiefung am intensivsten spürbar.
Der geknüpfte oder aufgefädelte Rosenkranz aus Holz, Perlmutt oder Olivenkernen besteht aus einer Kette von fünf Zehnergruppen, die jeweils durch eine etwas größere Perle voneinander getrennt sind. Das Kreuz, eine größere Perle und eine Dreiergruppe von Perlen bilden den Anfang.
Jeder Rosenkranz beginnt beim Kreuz mit dem Beten des Kreuzzeichens („Ehre sei dem Vater, dem Sohn und dem Heiligen Geist. Amen“), dem Glaubensbekenntnis, einem erneuten Kreuzzeichen und dem Vaterunser. Die folgende

Dreiergruppe entspricht drei „Gegrüßet seist du, Maria“ und der Erinnerung an die drei göttlichen Tugenden „Glaube, Liebe und Hoffnung“. Und zwar in folgender Reihenfolge: „Gegrüßet seist du, Maria, voll der Gnade, der Herr ist mit dir. Du bist gebenedeit unter den Frauen, und gebenedeit ist die Frucht deines Leibes, Jesus.“ Ins erste Gebenedeit wird eingefügt: „... der in uns den Glauben vermehre.“ Ins zweite: „... der in uns die Hoffnung stärke.“ Und ins dritte: „... der in uns die Liebe entzünde.“ Dann wird geschlossen mit: „Ehre sei dem Vater und dem Sohn und dem Heiligen Geist, wie im Anfang, so auch jetzt und allezeit und in Ewigkeit. Amen.“ Nun folgt eine der größeren Perlen, bei der jeweils ein Vaterunser gebetet wird. Dann beginnt der eigentliche „Kranz“, die „Corona“, der fünfmal zehn Perlen. Jeder dieser fünf Zehnergruppen entspricht jeweils ein Glaubensgeheimnis, das beim Wort „Jesus“ jeweils in die zehn „Gegrüßet seist du, Maria“-Gebete eingefügt wird. Ein Beispiel: „Gegrüßet seist du, Maria, voll der Gnade, der Herr ist mit dir. Du bist gebenedeit unter den Frauen, und gebenedeit ist die Frucht deines Leibes, Jesus, der für uns mit Dornen gekrönt worden ist.“

Tages- oder auch anlassbezogen gibt es drei verschiedene Rosenkranzgesätze:

Der Freudenreiche

Den du, o Jungfrau, vom Heiligen Geist empfangen hast
Den du, o Jungfrau, zu Elisabeth getragen hast
Den du, o Jungfrau, zu Bethlehem geboren hast
Den du, o Jungfrau, im Tempel aufgeopfert hast
Den du, o Jungfrau, im Tempel wiedergefunden hast

Der Schmerzhafte

Der für uns Blut geschwitzt hat
Der für uns gegeißelt worden ist
Der für uns mit Dornen gekrönt worden ist
Der für uns das schwere Kreuz getragen hat
Der für uns gekreuzigt worden ist

Der Glorreiche

Der von den Toten auferstanden ist
Der in den Himmel aufgefahren ist
Der uns den Heiligen Geist gesendet hat
Der dich, o Jungfrau, in den Himmel aufgenommen hat
Der dich, o Jungfrau, im Himmel gekrönt hat

MEIN TIPP

Gedanken kommen oft eruptiv. Sie tauchen auf und sind ebenso rasch wieder verschwunden. Dann ist es zu spät, um das Vorhaben „Das muss ich mir unbedingt notieren" umzusetzen. Deswegen ist es gut, einen kleinen Notizblock und einen Stift griffbereit zu haben. Mit kurzen Notizen schaffst du dir eine Art Gedanken-Tagebuch.

Der Weg

Ohne Gepäck, ohne Geld unterwegs

Pater Fritz Wenigwieser ist Franziskaner und Vikar des Shalom-Klosters in Pupping, dem Sterbeort des Heiligen Wolfgang in Oberösterreich

Gut, dass Pater Fritz mit einem Stock unterwegs war. Denn mit ihm, mit der Franziskanerkutte und leichtem Gepäck auf dem Rücken signalisierte er: „Ich bin ein Pilger." Und wer ihn ansprach, der erfuhr: „Ein Pilger, unterwegs ins Heilige Land."

Dem Vorbild des Ordensgründers folgend, der selbst ein Bettelmönch war, hatte sich der 37-jährige Oberösterreicher ohne Geld auf den Weg gemacht und vertraute auf die Freigiebigkeit jener Menschen, denen er zufällig begegnete.

Ausgangspunkt seiner Pilgerreise war Assisi. Weil er aber nur drei Monate für die Durchquerung Griechenlands, der Türkei, Syriens, Jordaniens und des Heiligen Landes bis Jerusalem Zeit hatte, fuhr er entlang des italienischen Stiefels in Richtung Süden zeitweise per Autostopp. „Dabei habe ich einen italienischen Buddhisten kennen gelernt, der sein Leben als permanente Pilgerschaft begriff. Und begeistert, dass es auch Christen gibt, die so denken, hat er mir Kosten für die Überfahrt von Brindisi nach Igoumenitsa am Peloponnes bezahlt", erinnert sich der Franziskaner. In Griechenland angekommen, setzte Pater Fritz seine Reise dann nur noch zu Fuß fort. 30 bis 40 Kilometer schaffte er am Tag.

Der Stock liegt gut in seiner Hand. Manchmal ist er ihm bergauf, manchmal auch bergab eine Stütze. Meist ist er aber doch nur ein Symbol, denn Pater Fritz ist ein ausdauernder und guter Geher.

Nur jetzt, dieses eine Mal, wird der Stock zur Waffe. Auf einem Berg nahe den Meteora-Klöstern wird Pater Fritz plötzlich von einer Rotte wilder Schäferhunde eingekreist: „Vielleicht waren es sieben, vielleicht auch acht. Ich weiß es nicht mehr.

Es waren jedenfalls alles wilde Köter, die bellten, knurrten und ihre Zähne mit hochgezogener Schnauze fletschten. Ausgemergelt und ausgehungert, wie sie waren, dachten sie, ich sei eine leichte Beute. Mein Glück war allerdings, dass sie sich mir in einer steilen Kurve in den Weg gestellt hatten. Ein Felsen bot mir natürlichen Schutz. So stand ich mit dem Rücken zur Wand und schwang den mit beiden Händen umklammerten Stock von links nach rechts, von rechts nach links."
Pater Fritz wird zunehmend kraftlos, nicht aber die Hunde. Sie spüren genau, dass ihr Opfer irgendwann ermüdet und sie nur auf diesen Augenblick warten müssen, um anzugreifen und zuzubeißen. Unverhoffte Rettung kommt auf der kaum befahrenen Passstrasse schließlich in Form eines Lkws. „Der Lenker erfasste die Situation blitzschnell und fuhr mitten in die Rotte hinein, tötete dabei eines der Tiere und öffnete mir die Wagentür. Ich rannte los, sprang ins Führerhaus, und als die Tür ins Schloss fiel, war ich in Sicherheit."
Die Schlussfolgerung des Priesters: „Als Pilger – egal, ob dir jemand eine Fähre bezahlt oder das Leben rettet – bist du stets auf die Hilfe anderer angewiesen."
Auf allen seinen Pilgerreisen hat sich der Mönch auf die Hilfsbereitschaft der Menschen eingelassen. Auf der, die ihn ins Heilige Land führte, ebenso, wie auf jener, die er von Assisi nach Santiago de Compostela, immerhin knapp 3000 Kilometer, unternahm. Oder auch auf einer „ganz kurzen" nach Rom.

Ein Bettelmönch

Immer wieder klopft er an eine Tür, bittet um Wasser und Brot oder auch darum, seinen Schlafsack irgendwo ausbreiten zu dürfen. Die meisten Menschen geben dem bärtigen Mann viel mehr als das, worum er gebeten hat: Statt bloßen Wassers bekommt er oft einen Saft oder auch ein Glas Wein, statt Brot eine Portion Spaghetti oder Obst, und auch zum Nächtigen lädt man ihn ein. „Einmal durfte ich meinen Schlafsack zwischen den riesigen Laiben in einer Käserei ausbreiten", erinnert sich P. Fritz lachend. Freilich sei er auch manchmal abgewiesen worden, einmal – Ironie des Schicksals – ausgerechnet von seinen Ordensbrüdern. Der Mönch, den nicht viel aus der Ruhe zu bringen scheint, nimmt es gelassen.
Betteln ist für Pater Fritz, der nur mit Schlafsack, Unterwäsche, Zahnbürste und einer Bibel – insgesamt also mit nur knapp zwei Kilo Gepäck – unterwegs ist, kein Leben auf Kosten anderer, die ihn erhalten müssen, damit er pilgern könne. Bet-

teln sei für ihn eine Geisteshaltung, geradezu eine Mutprobe: „Wer bettelt, muss offen sein. Wer etwas hergibt, der öffnet sich. Und um etwas annehmen zu können, muss man sich auch als Bettelnder öffnen. Man gibt den Menschen etwas zurück." Betteln ist also nicht bloßes Handaufhalten, sondern zunächst Selbstüberwindung. Zudem kommt noch die fernöstliche Sicht der Bettelmönche, die sagen: „Wir geben den Menschen, die im Überfluss haben, die Chance, etwas Gutes zu tun, wenn sie uns etwas von ihrer Nahrung überlassen."

„Die Herausforderung liegt beim Betteln auch darin, demjenigen, der einem die Tür weist, nicht gram zu sein, auch wenn man noch so hungrig oder müde ist, sondern dennoch freudigen Herzens wegzugehen und zu verzeihen", sagt Pater Fritz.

Hunderte, sogar Tausende Kilometer am Weg zu sein – ist das mehr als eine sportliche Höchstleistung, ein persönlicher Rekord? Es gebe, so der routinierte Pilger, einen deutlichen Unterschied. Und der sei im Gehenden selbst zu suchen. Wenn jemand Tag für Tag unterwegs ist und einen beständigen, wenngleich auch langsamen Ortswechsel vollzieht, braucht er einen Mittelpunkt in sich. Der Pilger findet diesen Mittelpunkt, die Ruhe im Gebet und im Vertrauen auf Gott. Dieses In-sich-Ruhen sei die Voraussetzung, die Fülle an Eindrücken aufnehmen und verarbeiten zu können. Darin unterscheide sich das Pilgern wesentlich vom Wandern oder dem touristischen Unterwegs-Sein. Ein Leistungssportler mag die gleiche Strecke in der halben Zeit zurücklegen, ein Pilger ist er deswegen noch lange nicht. Jemand kann die ganze Welt bereisen, ohne sich persönlich zu verändern. Pilgern, das habe mit der Suche nach den eigenen Wurzeln zu tun, sei ein Versuch, sich seine eigene Mitte zu erschließen, ist der Franziskanerpater überzeugt. „Ich muss mir in einer sich beständig verändernden Umgebung selbst Wurzel sein."

Und in dieser seelischen Dimension liegt, so P. Fritz, auch die Grenzerfahrung: „Ich kam nicht durch das Gehen an meine Grenzen. Auch dann nicht, als ich zwölf Stunden pro Tag unterwegs war. Und auch dann nicht, wenn ich Kälte und Hunger aushalten musste. Ich war an meiner Grenze, als ich von Santiago de Compostela in Richtung Italien zurückstoppte, zehn Stunden am Straßenrand stand und mich niemand mitgenommen hat."

Einst lebte in China ein alter Zen-Meister, der für seine Ausgeglichenheit und seine innere Ruhe weithin bekannt war. Eines Tages wurde er gefragt, wie ihm dies in der Hektik des Alltags gelänge. Er antwortete: „Wenn ich gehe, dann gehe ich, wenn ich laufe, dann laufe ich, und wenn ich stehe, dann stehe ich." Die Fragenden fielen ihm ins Wort: „Das tun wir doch auch, Meister. Was machst du denn anders?" Der Meister antwortete lächelnd: „Wenn ich gehe, dann gehe ich, wenn ich laufe, dann laufe ich, und wenn ich stehe, dann stehe ich." Wiederum fielen ihm die Fragenden ins Wort: „Das tun wir doch auch." Darauf der Meister: „Nein, wenn ihr steht, dann geht ihr schon. Wenn ihr geht, dann lauft ihr schon. Wenn ihr lauft, dann seid ihr schon weit fort."

Chinesische Weisheit

3. Sich selbst akzeptieren, sich selbst aushalten können

Vom Ich-Erlebnis ohne permanente Ablenkung

Der Mensch ist ein soziales Wesen. Er pflegt Beziehungen im privaten und beruflichen Bereich, und er geht damit Bindungen und Verantwortlichkeiten ein. Das ist gut so, weil es unserer Grundveranlagung entspricht. Dabei kommt allerdings ein Bedürfnis immer häufiger zu kurz. Nämlich jenes nach dem Alleinsein. Diese „Alleinzeit" steht nicht gegen die „Sozialzeit", sondern ist nur deren notwendige Ergänzung. Wer sich nämlich nicht hin und wieder eine Auszeit gönnt, der beginnt unter der pausenlosen Vernetzung mit seiner Umwelt zu leiden.

Das wäre grundsätzlich ein Plädoyer für das Pilgern ohne Begleitung. Von ihm behaupten all jene, die es geschafft haben, sich für einige Zeit schweigend aus der Kommunikationsgesellschaft auszuklinken, dass es eine „ungeheuer befriedigende, zugleich aber auch sehr schwierige Form des Pilgerns" ist. Der Nachteil ist, dass man vollkommen auf sich gestellt ist. Dass man niemanden hat, mit dem man sich austauschen und mit dem man gemeinsame Erfolge teilen kann, sagt der Franziskanerpater, der Tausende Kilometer nach Jerusalem, nach Santiago de Compostela und auch nach Rom zurückgelegt hat. Einmal war er allein, dann mit einem Mitbruder und schließlich in einer Kleingruppe unterwegs. Allein zu gehen, ist mit einer diffusen Angst vor sich selbst verbunden, wenn im „Stillwerden plötzlich der Herzschlag spürbar wird, wenn das Blut in den Schläfen pocht, der ganze Körper neu erfahren wird. Dann tauchen nämlich die eigenen Schwierigkeiten und Schwächen auf, die Lebensängste und Enttäuschungen", schreibt Andreas Aigner. Dann ist der Punkt gekommen, an dem du dich zwar von allen Bindungen und Abhängigkeiten gelöst hast, aber an dem dann auch niemand da ist, der dir in dieser Situation beisteht. Allein zu gehen, ist also vor allem ein Aushalten seiner selbst.

Der Weg

Dieser Konzeption steht die eines Pilgerweges zu zweit, mit dem Lebenspartner oder auch mit einem guten Freund, entgegen: „Am Anfang sprachen mein Mitbruder und ich ziemlich viel. Bald aber ging jeder seinen eigenen Weg – ich immer dreißig Meter vor Bruder Paul", erinnert sich P. Fritz. „Miteinander haben wir dann am Abend oder an bestimmten Orten gebetet und die Messe gefeiert. Auch beim Essen haben wir geplaudert." Die Bilanz der 3000 Kilometer: „Auf dem Weg, den jeder für sich gegangen ist und den wir doch gemeinsam bezwungen haben, wurde aus einer Freundschaft eine Wahnsinnsverbindung."

In einer Gruppe unterwegs zu sein, hat wiederum den großen Vorteil des Schutzes und auch den der beständig wechselnden Kommunikationsmöglichkeiten. Man tauscht sich einmal mit der einen, dann wieder mit der anderen Person aus. Und wenn man es will, kann man sich für eine gewisse Zeit auch isolieren. Der Vorteil: Zu dem geistig-meditativen Aspekt, in den man sich ohnehin allein einübt, kommt der einer Gemeinschaft: im Gebet, beim geselligen Beisammensein, bei einem Glas Wein am Abend. Im Schweigen löst man sich hingegen von der übrigen Gemeinschaft und geht bewusst in die Einsamkeit.

MEIN TIPP

Wenn du in einer Gruppe von Pilgern mit unterschiedlicher Kondition unterwegs bist und ihr eine lange Etappe vor euch habt, dann geht im Gänsemarsch. Dabei bestimmt der Erste den Weg und das Tempo. Er ist es aber auch, der den schwersten Rucksack trägt. Hätte er keine Last am Rücken, würde er womöglich einen zu schnellen Schritt wählen, und die anderen müssten hinten nachkeuchen. Dabei tragen in einer Gruppe von vier Personen immer nur drei Rucksäcke. Macht zu jeder vollen Stunde fünf Minuten Pause. Setzt euch nicht hin! Dann geht der Erste an letzter Stelle, die anderen rücken auf. So hält die Gruppe gut zusammen, niemand bleibt zurück, und das Tempo ist gleichmäßig.

Die zehn Gebote

1. Geh

Gehen (und nicht etwa Radfahren) ist die beste Art zu pilgern.

2. Geh langsam

Setze dich keinem unnötigen Leistungsdruck aus. Streiche die Befehlsformel „Ich muss“ aus deinem Vokabular.

3. Geh leicht

Reduziere dein Gepäck auf das Notwendigste. Beinahe alle Pilger bekennen am Ziel: Ich habe zu viel geschleppt.

4. Geh einfach

Frei, offen, klar im Kopf, strukturiert und unbeschwert sein begünstigt spirituelle Erfahrungen.

5. Geh allein

Gerade wegen der vielen sozialen Bindungen ist es manchmal gut, sich ganz auf sich selbst zu beschränken.

des *Pilgerns*

Geh dankbar

6.

Alles hat seine Bedeutung, einen tieferen Sinn. Schwierige Erfahrungen, die Ermüdung, die Einsicht, nicht mehr weiter zu können – nimm auch sie dankbar an.

Geh lange

7.

Erkenntnisse brauchen Zeit, um reifen zu können. Es ist also klug, wochenlang unterwegs zu sein.

Geh achtsam

8.

Nimm Begegnungen und Beobachtungen auf dem Weg – und seien sie noch so unbedeutend – achtsam in dir auf.

Geh weiter

9.

Schreite unbeirrt voran, deinem Ziel entgegen. Geh weiter, auch wenn du dir selbst sagst: Es hat doch keinen Sinn.

Geh mit Gott

10.

Versuche das Göttliche in dir wiederzuentdecken, durch Begegnungen mit dir selbst und anderen Pilgern.

4. Loslassen, auch von Essgewohnheiten

Durch richtige Nahrung Kraft tanken

Dr. Sandra Wallner, Ernährungswissenschaftlerin an der Universität Graz

Essen ist bekanntlich mehr als nur Nahrungsaufnahme. Essen und Trinken sollen dir Spaß machen! Essen ist aber auch Ausdruck der Einstellung dir selbst gegenüber, das heißt, es liegt an dir, die Möglichkeit zu nutzen, bewusst deine Gesundheit und dein Wohlbefinden längerfristig mit einer adäquaten Lebensweise zu gestalten.
Das Pilgern bietet dir die Chance, dich von festgefahrenen (Ess-)Gewohnheiten „freizugehen". Denn das Wandern gilt als eine Form der Bewegung, die dir nicht nur Fitness für den Körper, sondern auch für deinen Geist bietet. Lang anhaltende Bewegungsformen fördern bekanntlich die Fettverbrennung, helfen den Blutdruck zu regulieren und aktivieren dein Gehirn, vor allem für das kreative Denken.

Folgende Ernährungstipps sollen dabei zu einer Optimierung führen:
Zu den wichtigsten Grundprinzipien zählen die Auswahl von lang anhaltenden Kohlenhydraten und die Einschränkung von tierischem Fett. Daraus ergibt sich eine leichte Kost, die dich leistungsfähig macht und deinen Stoffwechsel entlastet. Wer tagelang unterwegs ist, sollte es sich zudem zur Angewohnheit machen, seine Mahlzeiten auf fünf bis sieben Einheiten pro Tag aufzuteilen. Denn jeder, der schon einmal ausdauernd gewandert ist, weiß, wie schwer es ist, nach einer deftigen Jause den Rucksack zu schultern und sich auf die Beine zu machen. Wie ein Stein kann die Mahlzeit im Magen liegen. Dieses belastende subjektive Gefühl der Schwere lässt sich auch objektiv nachweisen. So liegt der von Alpinisten früherer Tage gern verzehrte Speck zwischen sechs und sieben Stunden im Magen, eine Schweinshaxe gar bis zu acht Stunden. Das Pilgern soll aber eine körperliche und in weiterer Folge eine geistige Form der Leichtigkeit bewirken.

Jausentipps

- Roggenbrot oder Sauerteigmischbrot (Bauernbrot), Vollkornbrot (muss nicht immer sein) hält dich durch den hohen Anteil an organischen Säuren und Ballaststoffen länger satt. Dazu eignen sich Hüttenkäse oder magerer Käse und Wurst. Ganz entscheidend dabei scheint die Zugabe von Gemüse: frische Tomaten, Paprika, Radieschen oder Essiggurkerl.

- frisches heimisches Obst (1 Stück oder eine Hand voll)
- Trockenobst (3–5 Stück)
- Knabberspaß: Popcorn, Kekse ohne Schokolade, ungesalzene Nüsse
- ungezuckerte Müsliriegel

Getränketipps

Trinke, trinke, trinke. Und das nicht erst, wenn du Durst hast. Durst ist nämlich ein Alarmsignal für ein bereits eingegangenes Defizit. Wer auf dieses Alarmzeichen auch nicht achtet, der spürt Kopfschmerz, ein Flimmern vor den Augen und Schwindel. Und wer in extrem heißen Regionen unterwegs ist und auf die Alarmglocken des Organismus nicht reagiert, bei dem werden sich bald gefährlichere Signale einstellen, etwa ein stechender Schmerz in den Nieren.
Als Faustregel gilt: Du solltest zumindest drei Liter Flüssigkeit pro Tag zu dir nehmen, bei sportlicher Betätigung ein Vielfaches davon. Wer sich anstrengt, dementsprechend schwitzt und dabei zu wenig trinkt, der wird sich bald „matschig“

fühlen. Es tritt nämlich rasch das ein, was Sportmediziner errechnet haben: ein Leistungsverlust von 20 Prozent bei nur fünf Prozent Flüssigkeitsverlust.

Weil der Magen meist nicht so viel Flüssigkeit verarbeiten kann, wie der Körper brauchen würde, empfiehlt es sich, auf Vorrat zu trinken. Am besten tut man dies vom Frühstück an ständig und schluckweise den ganzen Tag über. Als Regel kann auch hier gelten: Jede volle Stunde braucht der Körper ein Glas.

Was trinkt man?

- ✦ Wasser. Es ist trotz vieler Sport- und Wellnessgetränke noch immer der beste und auch gesündeste Durstlöscher. Wer Mineralwasser bevorzugt, sollte auf kohlensäurefreies setzen.
- ✦ einheimische Obstsäfte mit stillem Mineralwasser (aufgespritzt im Verhältnis 1:3 oder 1:5)
- ✦ alkoholfreies/-armes Bier
- ✦ ein G'spritzter (Wein und Wasser)
- ✦ Molkegetränke

Es ist also prinzipiell kein vollständiger Verzicht auf Alkohol notwendig, doch kann man nur allein durch das Weglassen von alkoholischen Getränken die Fettverbrennung optimieren (Alkoholkalorien sind gleich Fettkalorien, da diese die Fettspeicherung verstärken).

- ✦ ACHTUNG: Zuckerhältige Limonaden, Alkohol, Kaffee und schwarzer/grüner Tee sind Flüssigkeitsräuber!

M E I N T I P P

Trinken ist wichtig, auch wenn man kein Durstgefühl verspürt. Um nun aber dem Gefühl eines ständig ausgetrockneten Rachens entgegenzuwirken, nimmst du einen kleinen Stein oder einen Zwetschkenkern in den Mund. Der Effekt: Du zwingst dich durch die Nase zu atmen, wodurch die Schleimhäute nicht so rasch austrocknen. Vorsicht beim Reden oder wenn du stolperst!

5. Alles, was du brauchst, und nicht mehr

Eine kleine Entscheidungshilfe beim Packen

Die folgende Packliste ist ausgewogen und umfangreich. Sie ist jedoch nicht auf die unterschiedlichen Jahreszeiten und geografischen Bedingungen deiner Pilgerreise abgestimmt. Zudem ist es ratsam, sich über die Infrastruktur entlang des Weges zu informieren, ehe man losgeht. Folgende Fragen müssen abgeklärt werden: Gibt es Unterkünfte, oder muss ich im Freien nächtigen? Kann ich mit einer ausreichenden Versorgung mit Grundnahrungsmitteln sowie mit frischem Wasser rechnen? Wie ist die Beschaffenheit des Weges? Dementsprechend wird man aus der folgenden Liste eine Auswahl treffen.

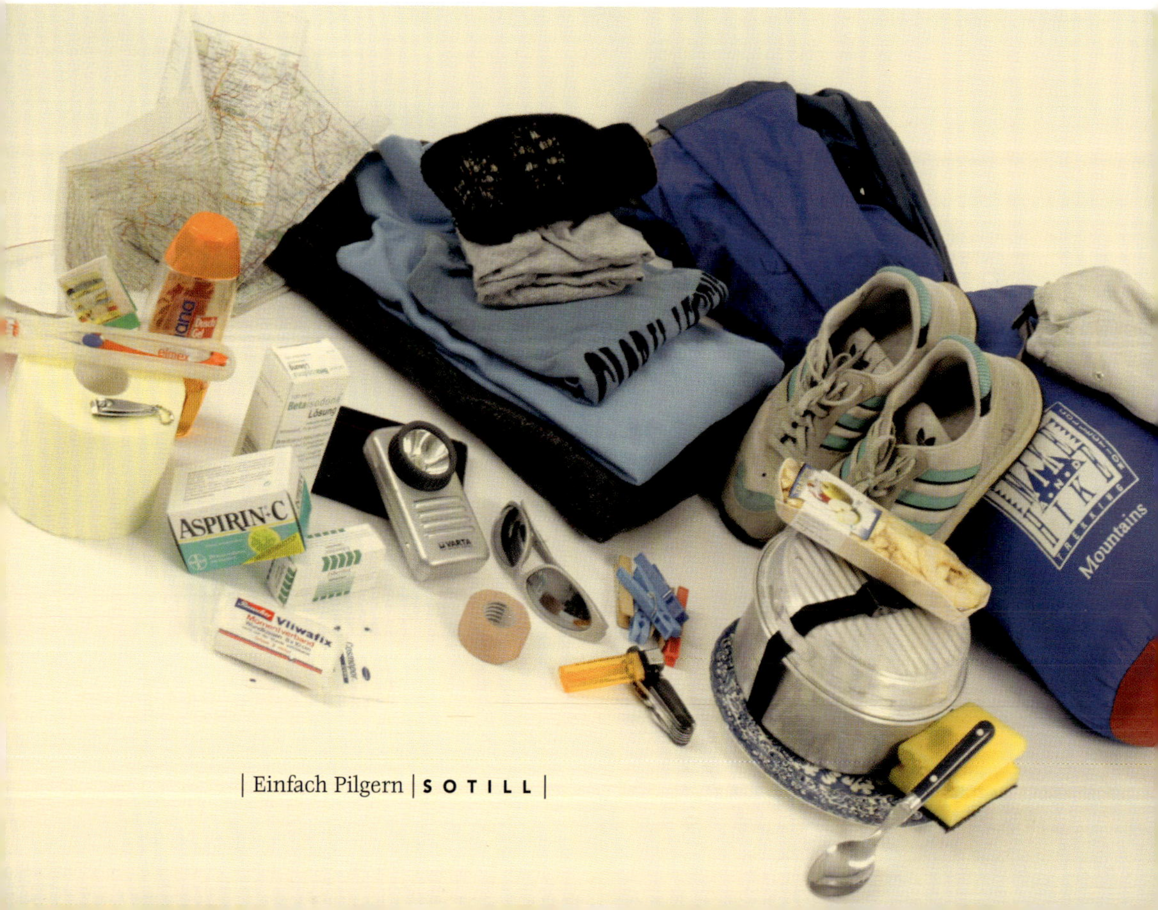

Rucksack außen

Teleskop-Wanderstöcke
Einpersonenzelt
Schlafsack
Getränkeflasche
Iso-Matte

Deckel- und Außentaschen

Kartenmaterial
Sonnenbrille in bruchfestem Etui
Taschenmesser mit Messer und Gabel
Ausweise
Stirnlampe mit Ersatzbatterien
Kopfbedeckung
Geldbörse
Toilettenpapier

In den Rucksack gehören:

Bekleidung – die Menge hängt von den geplanten Waschtagen ab
Trekkinghose mit abnehmbaren Beinteilen
Unterwäsche
Trekkingsocken
Gürtel
Regenschutz
Trekkingschuhe
T-Shirts
Untersocken
Fleece-Pullover

Zubehör

Sandalen, leichte Turnschuhe
Tagesrucksack oder größerer Nierengurt
Reepschnur (3 mm) als Wäscheleine
Hüttenschlafsack
Wäschekluppen

Zur Verpflegung

Trinkbecher
Dosenöffner
Feuerzeug
Messer
Kocher
Müsli-Riegel, ungezuckert
Nüsse
Teller
Korkenzieher
Löffel
Topf mit Deckel und Griffzange
Putzschwamm
Trockenfrüchte

Hygieneartikel und Erste Hilfe

Zahnbürste und Zahnpasta
Rasierer
Lippenpflegestift
Waschmittel
Wundgaze
Blasenpflaster
Schmerzmittel
Halstabletten
Durchfallmittel
Desinfektionsmittel
Seife
Schere
Sonnencreme
Wundpflaster
Leukoplast
elastische Mullbinde
Erkältungsmittel
Insektenschutz
Wundheilsalbe
Sicherheitsnadel

Dokumente

Reisepass
Flugticket
Kreditkarte
Reiseführer
Visum
Führerschein
Auslandskrankenversicherung
Adressenverzeichnis

MEIN TIPP

Das rot-weiß karierte Baumwollhemd, jahrzehntelang Markenzeichen zünftiger Wanderer, hat ausgedient. Und das nicht seines altmodischen Musters wegen, sondern aufgrund seiner mangelnden Funktionalität. Baumwollbekleidung hat nämlich den Nachteil, dass sie die Verdunstung hemmt, weil der Schweiß nicht von der Haut abgeleitet wird. Deswegen greift man zu atmungsaktiver Funktionswäsche aus synthetischen Materialien, die mit Wolle oder Seide versetzt sein können. Die meisten Hersteller bieten ein breites Sortiment – von der Unterwäsche bis zum Langarmhemd – an.

Beim Einpacken des Rucksacks musst du zwischen all den Dingen, die du brauchst, und dem Gewicht, das du zu schleppen hast, abwägen. Dabei muss dir klar sein: Jedes Kilo zu viel summiert sich zu Hunderten, je länger du unterwegs bist. Auf der anderen Seite ist sehr genau zu überlegen, was du zurücklässt, denn es ist nicht immer leicht, fehlende Ausrüstungsgegenstände, wie etwa eine Batterie für die Kamera, im Ausland nachzukaufen. Als Entscheidungskriterium gilt: Lass alles zu Hause, von dem du sagst: Das könnte ich „eventuell" oder „vielleicht" auch noch brauchen.

6. Fest geschultert

Für jeden der richtige Rucksack

Es gibt Kletter-, Touren-, Universal-, Trekking- und Expeditionsrucksäcke und auch Daybacks. Daraus wird ersichtlich: Es ist nicht ganz einfach, unter den verschiedenen Typen den richtigen zu wählen. Ein paar grundsätzliche Anforderungen werden dir aber helfen, das geeignete Modell zu finden.
Das Fassungsvermögen sollte bei 60 Liter (plus zehn Liter in der höhenverstellbaren Deckelklappe) liegen. Zudem sollte der Rucksack über ein ausbaufähiges

System an Außentaschen verfügen. Wichtig ist, dass eine gute Rückenbelüftung gewährleistet ist und dass der Rucksack über einen breiten Hüftgurt verfügt, der gut gepolstert und verwindungssteif ist. Dieser soll etwa 70 Prozent der Last auf die Beckenknochen und die Skelettmuskulatur der Beine übertragen, wodurch Schultern, Nacken, Wirbelsäule und Bandscheiben entlastet werden.
Über die Schultergurte trägt man etwa 30 Prozent des Gewichts. Auch für sie ist wichtig, dass sie weder zu weich noch zu hart sind, vor allem aber, dass die Auflageflächen keine Nähte haben und sich keine Falten bilden.
Zudem sollte das Eigengewicht nicht zu hoch sein (um vier bis fünf Kilo). Der Preis: Mit 150 Euro muss man rechnen, Spitzenwerte bis zu 400 Euro können erreicht werden.
Prinzipiell ist zu sagen, dass der Rucksack, so wie er im Fachgeschäft steht, dem künftigen Benutzer noch keinen Tragekomfort bietet, sondern dass dieser über Hüft-, Brust- und Schultergurte erst an die Gestalt des Wanderers individuell angepasst werden muss. Dazu ist es notwendig, den Rucksack im leeren Zustand, aber auch mit Gewichten und auch mit unterschiedlichen Kleidungsstücken – vom leichten T-Shirt bis zur Fleece-Jacke – umzuschnallen.

M E I N T I P P

Packe deinen Rucksack so, dass er dich weder nach vorne noch nach hinten zieht. Dann ist die Gewichtsverteilung richtig, denn der Schwerpunkt ist möglichst nahe am Körper. Dennoch sollte das „Ungetüm" nicht mehr als 20 Kilogramm wiegen, sonst wird der Weg zur reinsten Plackerei.

7. Für einen festen Tritt

Die Wahl des richtigen Schuhs ist entscheidend

Der Benediktiner Pater Severin hat nach 750 Kilometern am Camino sogar einen „Hymnus" auf seine Schuhe verfasst, in dem er jubelt, dass sie ihm keine Blasen beschert und dass sie sich trotz schwieriger Verhältnisse „nicht aufgelöst" hätten, wie er dies bei vielen anderen Pilgern beobachtet hat.

Damit auch du jubeln kannst, solltest du bei der Auswahl der Schuhe ein paar wichtige Punkte beachten. Du musst dir selbst darüber klar werden, was du eigentlich brauchst. Gehst du im Sommer oder doch schon im Herbst? Sind Niederschläge zu erwarten, oder bewegst du dich ausschließlich in Trockengebieten? Die Beantwortung dieser Fragen ist wichtig, denn den *einen* Wanderschuh für alle Zwecke gibt es nicht.

GORE-TEX

Vermutlich wird das Fachgeschäft einem Pilger, der tage- oder wochenlang mit dem Rucksack unterwegs ist, einen Schuh vom Typ B empfehlen. Das ist der klassische Trekkingschuh, der über einen festen Schaft aus exzellentem Leder, über eine gute Dämpfung sowie griffige Sohlen verfügt. Die gesamte Sohlenkonstruktion ist entsprechend der Abrollbewegung vorgeformt. Er hat auch einen stabilen Absatz, der vor allem beim Bergabgehen wichtig ist. Damit du nicht zu rasch ermüdest und auch kein Brennen an den Sohlen verspürst, ist es notwendig, dass der Schuh über eine anatomisch geformte Innensohle verfügt.
Beim Kauf ist es ratsam, jene Socken von zu Hause mitzunehmen, mit denen du später auch unterwegs sein wirst. Mit diesen steigst du in das Schuhwerk – bevorzugt am Nachmittag, wenn die Füße schon leicht angeschwollen sind – und gehst zumindest zwanzig Minuten im Geschäft auf und ab. Und zwar im Flachen ebenso wie über Treppen und auf schiefen Ebenen. Gute Fachgeschäfte haben eigens dafür Felskonstruktionen errichtet.
Wenn du dich für einen Schuh entschieden hast, gehe ihn auf kürzeren Touren ein, sonst läufst du Gefahr, Blasen zu bekommen. Ein Tipp noch: Schnüre den Schuh beim Bergaufgehen locker, beim Bergabgehen aber fest.
Neben dem festen Schuh ist es auch ratsam, Outdoor-Sandalen mitzunehmen, die über ein Fußbett und eine leicht verstellbare Riemenkonstruktion verfügen und die dem Fuß einen guten Halt geben.

8. Ein brennendes Problem
Im Kampf gegen Blasen

Blasen sind eine aufreibende Angelegenheit. Und das im wahrsten Sinn des Wortes. Wobei Ulla und ich auf unserem Pilgerweg zwischen Nazareth und Bethlehem festgestellt haben: Die Welt ist ungerecht. Ich habe keine vorbeugenden Maßnahmen getroffen und dennoch keine Blasen gehabt. Ulla hingegen hat in dem Wissen, dass sie anfällig ist, ihre Füße eingeschmiert und ihre besten Schuhe und auch gute Socken angezogen. Trotzdem machte sie bereits am zweiten Tag wegen der brennenden Schmerzen im Schuh bei jedem Schritt deutliche Ausweichbewegungen. Als wir abends in Zababde die Tagestour beendet hatten, sahen wir die Bescherung: Blasen hatten sich an den Fußballen, an der Ferse, am Knöchel, einfach überall gebildet. Es half nur mehr, sie aufzustechen und so die angesammelte „seröse“ Flüssigkeit abzuleiten. Hernach desinfizierten wir den Fuß.

Wie aber, so fragten wir uns, entstehen diese Blasen? Die Antwort ist einfach: durch Reibung. Wenn die Haut permanent aufgerieben wird, bildet sich zwischen der Oberhaut und der darunter liegenden Lederhaut ein Hohlraum, den der Körper durch Flüssigkeit zu kühlen versucht.

Der Grund dafür: Entweder sitzt der Schuh nicht richtig, weil er zu eng oder auch zu weit ist, oder die Naht eines Sockens liegt ungünstig auf. Dazu kommt noch die Hitze im Schuh, die wiederum durch zusätzlichen Kühlungsbedarf in Form von weiterer Flüssigkeit kompensiert wird.

Ein Fehler, der häufig gemacht wird, ist, dass man Baumwollsocken trägt, die über wenig Flüssigkeitsregulation verfügen. Vernünftiger ist es, zu Funktionssocken aus elastischen Kunstfasern zu greifen, die sich dem Fuß ideal anpassen. Zudem sind die besseren und natürlich auch teureren Produkte so verwoben, dass in feinsten Hohlräumen der Schweiß von der Haut aufgesogen und nach außen transportiert wird.

Ehe du dich auf den Weg machst, kannst du aber noch weitere Maßnahmen treffen. Gut ist es, die Füße schon Wochen zuvor täglich zweimal mit Hirschtalg einzuschmieren, wodurch die Haut weich und geschmeidig wird. Ratsam ist es auch, an neuralgischen Stellen bereits vorbeugend Blasenpflaster anzubringen.

Diese schützen vor dem Aufscheuern, enthalten die Heilung beschleunigende Substanzen und beugen Infektionen vor.
Wenn der Fuß nun einmal irritiert ist, ist es ratsam, das Schuhwerk zu wechseln und vom geschlossenen, festen Schuh für einige Zeit auf Trekking-Sandalen umzusteigen.

9. Schritt für Schritt eine Qual

Wie man dem Muskelkater begegnet

Wer kennt ihn nicht, den Muskelkater? Bei Hobbysportlern dient er oft als Leistungsnachweis, und zwar nach dem Motto: Nur wer „Spatzen" hat, der hat sich auch ordentlich angestrengt.

Der plötzlich auftretende Muskelschmerz ist eine unliebsame Begleiterscheinung beim Training Ungeübter. Die Fasern des überbelasteten Muskels reißen ein, und die feinen Risse füllen sich langsam mit Wasser, sodass sich – meist einen Tag danach – kleine schmerzhafte Ödeme bilden.

Um den Schmerz zu lindern, helfen leichte Gymnastik, lockeres Joggen, ein Saunabesuch, das Einreiben mit durchblutungsfördernden Salben oder auch ein Wechselbad (drei Minuten warm, zwanzig Sekunden kalt). Abzuraten ist vom Konsum größerer Alkoholmengen, denn dies verzögert den Regenerationsprozess.

Klüger ist es freilich, vorzubeugen. Belaste die untrainierte Muskulatur nicht übermäßig stark, steigere die sportlichen Leistungen nur langsam und wärme die Muskeln vor einer Belastung immer gut auf.

M E I N T I P P

Kühe auf der Wiese sind scheu und doch zugleich auch neugierig. Und das macht sie in den Augen Unerfahrener geradezu gefährlich. Daher ist es sicher am besten, du umgehst Weiden mit Tierbestand. Ist dies aber nicht möglich, versuche mit ruhigen Worten auf die Tiere einzureden und sie zugleich mit weit ausladenden Handbewegungen zu vertreiben. Ganz wichtig: Lauf nie davon, sondern mach einen Schritt auf sie zu. Das lässt sie stutzig werden, und sie wenden sich ab. Ein Stock unterstreicht dabei deine Autorität.

Bei Hunden, die dir kläffend nachhetzen, ist es wichtig, sich nicht umzudrehen und raschen Schrittes wegzugehen, ohne aber zu laufen. Nervöse Bewegungen motivieren nur ihren Jagdtrieb. Stellt sich dir ein Hund in den Weg, bleib stehen und lass dich ruhig beschnuppern. Und versuche auch innerlich keine Angst zu haben, sondern dich eher als ein „Herrchen" zu benehmen. Zugegeben: das ist nicht leicht, aber erfolgreich.

10. Zwischen Hoch und Tief

Gut gerüstet bei jedem Wetter

Erfahrene Wanderer wissen: Vor allem in den Alpen kann das Wetter im Tal ganz anders sein als am Berg. Zudem kann es sehr rasch umschlagen. Für den umsichtigen Pilger gilt die alte Weisheit: Es gibt kein schlechtes Wetter, wohl aber eine schlechte, weil unzureichende Ausrüstung.

Nun kann man internationale Wetterdienste zu Hause per Handy abfragen, was allerdings sehr teuer ist und auch nicht der Philosophie des Pilgerns entspricht. Besser ist es schon, sich an Einheimische zu wenden. Eine absolut sichere Möglichkeit ist auch die Beobachtung der Natur. Wiesenpflanzen wie Glockenblumen, Gänseblümchen und Krokusse schließen ihre Blütenblätter, bevor es zu regnen beginnt. Ganz besonders sensibel reagieren übrigens Disteln. Sie verschließen sich schon einige Stunden vor einem Schauer.

Ein richtiger Regenguss mag unangenehm sein, wenn man bis auf die Haut nass wird, gefährlich sind aber nur starke Gewitter. Unterstand aufsuchen und abwarten ist der einzig sichere Tipp. Wenn sich aber gerade kein Haus, keine Heuhütte und auch keine Kapelle am Weg befindet, dann ist es wirklich ratsam, den Rucksack mit seinem Metallgestell etliche Meter entfernt abzustellen und unter einem Baum – ein Sprichwort sagt: „unter Buchen“ – das Schlimmste abzuwarten.

Zu warnen gilt es aber auch vor der „schleichenden Gefahr“ der Sonne. Gegen sie gibt es nur eines: Mit einer Sonnenschutzcreme – mit dem richtigen Sonnenschutzfaktor – mehrmals täglich eincremen und dabei Nase und Ohrläppchen nicht vergessen. Denn ein veritabler Sonnenbrand kann zu hohem Fieber und auch Nierenbeschwerden führen.

Gut ist es auch, die Augen vor UV-Strahlung zu schützen. Deshalb empfiehlt sich das Tragen einer Sonnenbrille mit UV-Schutz. Kontaktlinsen, ob weiche oder harte, verfügen alle über einen dementsprechenden Schutz. Die Linsen schützen aber nur die Pupille, nicht den Rest des Auges. Daher gilt: Sonnenbrille aufsetzen!

Der Weg

Gehen – Prinzip eines Lebens

Ernst Gehmacher, der 1926 geborene Soziologe, hat sich als langjähriger Geschäftsführer des Instituts für empirische Sozialforschung (IFES) mit Fragen der Lebensqualität auseinander gesetzt. Viele seiner Ideen hat er damals beim Gehen entwickelt.

Ernst Gehmacher muss es – auf mein beharrliches Nachfragen hin – immer wieder betonen: „Ich bin kein Leistungssportler. Wohl aber ein Mensch, der oft an seine Grenzen gegangen ist."

Dies tat er einmal mehr, als er eines Morgens von Wien aufbrach, um 120 Kilometer nach Mariazell zu gehen. Für die Strecke, die ein durchschnittlicher Wanderer in drei Tagen, vielleicht auch nur in zwei, bewältigt, benötigte der Wissenschaftler nur 24 Stunden. „Ich bin gegangen und gegangen, manchmal im raschen Schritt von acht Kilometern pro Stunde, manchmal sogar im leichten Dauerlauf, dann auch wieder gemächlicher. In der Nacht habe ich mich im Wald für einige wenige Stunden hingelegt und mich so entspannt." Und weil Gehmacher in Mariazell angelangt noch Kräfte verspürt, geht er weiter auf den Hochschwab, wo er am späten Nachmittag schließlich am Gipfel ankommt. Damit erreichte er, was er die „Entkörperlichung des Körpers" nennt. „Ich nehme in diesem Zustand meinen Organismus nicht mehr wahr. Ich gehe immer weiter. Schritt um Schritt." Und je weniger man gezwungen ist, auf seinen Körper zu achten, desto stärker baut man „einen zweiten Raum einer seelisch-geistigen Befindlichkeit auf, in der man voranschreitet". Um diese Entkoppelung von Geist und Körper zu illustrieren, hat Gehmacher – nomen est omen – den Satz geprägt: „Ich sitze auf den Beinen, die gehen."

Dafür ist eine ausgezeichnete Grundkondition eine unabdingbare Voraussetzung, das Hauptkriterium aber bildet der Geist. Er muss bereit sein, sich einer Automation der Abläufe zu überantworten. Der Stein und die Wurzel am Weg werden zwar wahrgenommen, aber dem Gehirn wird unterbewusst signalisiert: „Den Fuß höher heben, sonst stolperst du."
Um diesem „Gehen in Trance", das auf einer massiven Ausschüttung von Glückshormonen basiert, nahe zu kommen, braucht es freilich „eine jahrelange Einübung". „Jeder muss für sich selbst den Rhythmus des Gehens finden, niemand soll sich auf Ratschläge aus noch so fundierten Publikationen einlassen", sagt Gehmacher. Das einzige Kriterium sei das eigene Empfinden. Und deswegen müsse man gut in seinen Körper hineinhören und dürfe nicht tun, wovor bereits an anderer Stelle in diesem Buch gewarnt wurde: sich einem Zeit-Weg-Profil aus Wanderführern unterwerfen.
Natürlich gehört es für Gehmacher, der mit seinen 77 Jahren immer noch viele Termine in Wien zu Fuß wahrnimmt, dazu, seine Grenzen auszuloten. „Einmal war ich bei Freunden in Baden bei Wien zu einem Nachmittagskaffee eingeladen. Um rechtzeitig anzukommen, bin ich am Morgen aufgebrochen und habe mir an diesem extrem heißen Sommertag die zusätzliche Erschwernis auferlegt, nichts zu trinken. Ich wollte einfach sehen, wie es mir dabei geht. Ich wollte das unmittelbare Sinneserlebnis Durst zuerst spüren und es dann mit höchster Freude befriedigen." Und das tat er am Ziel, im Garten seiner Gastgeber, wo er aus einer großen Flasche mehrere kräftige Züge nahm, bis er bemerkte: „Die klare Flüssigkeit war nicht Wasser, sondern Schnaps."
Wenn das Experiment auch, zumindest was das trunkene Ende anlangt, misslang, so stellt der Wissenschaftler das Durst-Experiment in die Reihe der intensivsten Erfahrungen. „Hunger oder Durst auf einer Wanderung zu haben und diesen zu stillen, gehört zu den unmittelbaren Sinneserlebnissen, wie ein Orgasmus mit einer Person, der man in Liebe und nicht in reiner Begierde zugetan ist", erklärt Gehmacher. „Alle diese Urgefühle brauchen keine Erklärungen, keine Worte."
Wer das Gehen also im körperlichen und im geistigen Sinne „zum Prinzip seines Lebens" gemacht hat, der scheut sich auch nicht zu sagen: „Es ist ein wunderbares seelisches Heilmittel." Man geht allein, um Probleme in der Bewegung zu lösen oder auch um „leer zu werden". Wenn man hingegen in einer Gruppe unterwegs ist, hat man den Vorteil, dass man sich in ständig wechselnden Kons-

tellationen befindet und sich damit innerhalb einer Einheit doch eine Vielzahl an Möglichkeiten aufbauen kann.

Beeindruckt hat Gehmacher auch das „so oft erfahrene Urerlebnis freundschaftlicher Begegnungen". Und zwar erfuhr er dies das erste Mal, als er knapp fünf Jahre alt war. Mit seiner Mutter und seinen Geschwistern verbrachte der aus dem Pinzgau stammende Bub den Sommer in der Nähe von Wien. Von Zeit zu Zeit besuchte man die Stadt, wobei ihn besonders die Mariahilferstraße faszinierte. Die bunten Auslagen, die vielen Verlockungen, die Menschenmassen, die Lichtreklame – alles war ganz anders als zu Hause. Das brachte den kleinen Ernst auf die Idee, vom Wohnhaus seiner Tante am Stadtrand einfach loszugehen und die Mariahilferstraße im Zentrum der Stadt aufzusuchen. Sein Orientierungssinn war ausgezeichnet, und er kam tatsächlich ans Ziel. Plötzlich bekam er Angst, denn es war spät und er war müde geworden. Er wollte möglichst rasch zurück zu seiner Familie. Da erbarmte sich eine Dame des verlorenen Buben. Er klagte ihr sein Leid, und sie brachte ihn dorthin zurück, von wo er Stunden zuvor ausgerückt war.

Unbehagen verspürt Gehmacher auch heute noch manchmal. Und zwar, wenn er in der Nacht wandert, was für ihn ein „besonderer Kitzel" sei. Dass dies gefährlich ist, dementiert der passionierte Wanderer, denn „man baut sehr rasch eine eigene Sensorik für die Dunkelheit auf".

Gehmacher geht auf ein Ziel hin. Zwar mit einer klaren Orientierung, aber nicht obsessiv, sondern mit Lebensfreude: „Ich kehre gerne auf meinem Weg auch in Wirtshäuser ein." Das Ziel verliert er freilich nie aus den Augen, und doch ist es kein absoluter Wert, dieses zu erreichen: „Man muss auch aufgeben können und darf das Erreichen eines vorher ausgedachten Punktes nicht zur zwanghaften Vorstellung werden lassen", sagt der Mann, der so viele Ziele erreicht hat. „Es war am Hindukusch. Ich war mit einer Gruppe unterwegs, wobei einige meiner Weggefährten Gesundheitsschäden in Kauf nahmen, nur um den Gipfel zu erreichen. Ich bin damals wenige hundert Meter vor dem Ziel umgekehrt, um Kollegen heraufzuhelfen." Leid habe ihm das nie getan.

Offenbar kann das Nicht-Erreichen einer Vorstellung, selbst wenn man lange darauf hingearbeitet hat, unter Umständen sogar erfüllender sein als die Umsetzung.

Das Exerzitium vom Samenkorn

Knie nieder. Dann setze dich auf deine Fersen und beuge dich so weit nach vorn, bis deine Stirn die Knie berührt. Strecke die Arme zurück. Du befindest dich jetzt in Fötushaltung. Schließe die Augen. Nun entspanne dich vollkommen. Atme ruhig und tief. Ganz allmählich glaubst du, ein winziges, wohlig von der Erde umschlossenes Samenkorn zu sein. Du bist von Wärme und Wohlgefühl umgeben. Du schläfst ruhig. Plötzlich erzittert ein Finger. Das Korn will nicht mehr Samenkorn sein, es will wachsen. Du beginnst ganz langsam die Arme zu bewegen, dann richtet sich dein Körper auf, bis du wieder auf den Fersen sitzt. Nun erhebst du dich etwas und verschiebst dein Gewicht ganz langsam nach vorn, bis du wieder kniest. Während du das tust, stell dir vor, du wärst ein Samenkorn, das keimt und allmählich die Erde durchbricht.

Jetzt ist der Augenblick gekommen, die Erde ganz zu durchstoßen. Du erhebst dich langsam, setzt erst einen Fuß, dann den anderen auf, versuchst das Gleichgewicht zu halten, wie ein Schößling, der um seinen Raum kämpft. Wenn du ganz aufgerichtet stehst, stel-

le dir das Feld um dich herum vor, die Sonne, das Wasser, den Wind und die Vögel: Du bist ein Samenkorn, das wächst. Du hebst langsam die Arme zum Himmel. Dann streckst du dich immer weiter, als wolltest du die Sonne packen, die über dir leuchtet und dir Kraft spendet und dich anzieht. Dein Körper spannt sich an, die Muskeln kontrahieren, und dabei fühlst du, daß du immer größer wirst, bis du schließlich riesig bist. Die Anspannung wird immer stärker, wird schmerzhaft, unerträglich. Wenn du es nicht mehr aushältst, stoße einen Schrei aus und öffne die Augen.

Paulo Coelho: Auf dem Jakobsweg.
Tagebuch einer Pilgerreise nach Santiago de Compostela

Der Weg

KAPITEL III:

Das Ziel

1. Wo das Wunder nicht stattfand

Was einen Ort zu einem heiligen macht

Wir sind da. Wir sind nach Tagen, nach Wochen des Unterwegs-Seins angekommen. Endlich sind wir nach ungeheuren Mühen, die von körperlicher Anstrengung und seelischer Anspannung geprägt waren, am Ziel.
Auch wenn uns der Weg ein wichtiger Inhalt war, so waren unsere Gedanken doch auch zugleich immer auf dessen Ende gerichtet. Jenes Ende, das wir heute erreicht haben. Und wie bedeutend der Bau am Zielort auch sein mag, eine Kathedrale oder ein Bergkirchlein – es ist ein religiöser Ort, über den es sich – wie zuvor über den Weg selbst – nachzudenken lohnt.

Wir haben nur unsere Ausdrucksweise verändert. Was wir früher als einen heiligen Ort, vielleicht auch als einen Gnadenort bezeichnet haben, ist jetzt plötzlich ein „Ort der Kraft". Auch wenn in diesem Ausdruck mehr Mystik und spirituelle Selbsterfahrung als ein Glaubensbekenntnis mitschwingen, so ist doch dasselbe gemeint: Es gibt Orte, an denen sich die Gegenwart Gottes nicht mit Vernunft, sondern vorwiegend mit dem Herzen erfassen lässt.
Diese Orte aufzusuchen, hat gute Gründe. Der Mensch versucht, die „unendliche Idee Gott" dort zu erfahren, wo diese sich in menschliche Kategorien begeben hat: in Raum und Zeit. Etwa dort, wo sich das Göttliche durch Erscheinungen offenbart. Der heilige Ort ist also die Konkretisierung des Abstrakten.
Von diesem Ansatz ausgehend, liegen die ersten heiligen Orte im Land der Bibel. Und dorthin führten auch sehr früh die ersten Pilgerreisen. So kam die Kaiserin Helena im vierten Jahrhundert nach Palästina, um mit der Bibel in der Hand jene Stellen zu lokalisieren, wo Jesus gepredigt und gelitten hatte, wo er gestorben und auferstanden war.
Helena nahm die Mühen der Reise zur persönlichen Erbauung auf sich, sie kam aber auch aus Rom, um die Stellen der biblischen Ereignisse durch die Errichtung von Kirchen zu markieren und so der Nachwelt zu überliefern. Sie war ge-

wissermaßen eine Vertreterin der „Theologie des Ortes". Diese wiederum steht im Gegensatz zur „Theologie der Zeit", in der bestimmte Tage zur besonderen Gottesverehrung bestimmt sind. Diese zeitliche Ausrichtung ist vor allem im Judentum vertreten, wo der Sabbat als der siebente Tag der Woche geheiligt wird. An diesem Tag ruhte Gott, „nachdem er das ganze Werk der Schöpfung vollendet hatte".

Helena, die Mutter Kaiser Konstantins, der 313 im Mailänder Toleranzedikt das Christentum der Verfolgung entriss und in eine staatlich anerkannte Legalität führte, konnte einige Orte des Lebens und Wirkens Jesu schlüssig lokalisieren: etwa die Grabeskirche in Jerusalem oder auch die Geburtskirche in Bethlehem. Freilich ist sie – wie andere Pilger auch – so manchem Irrtum aufgesessen.

Dies stellte sich freilich erst im zwanzigsten Jahrhundert heraus, als Geografen, Archäologen und auch Theologen begannen, die biblischen Schriften historisch-kritisch zu durchleuchten. Auffallend ist, dass etwa die heiligen Orte auf der Halbinsel Sinai allesamt um das Kloster der heiligen Katharina versammelt sind: der Ort der Übergabe der beiden Gesetzestafeln an Mose ebenso wie der brennende Dornbusch oder der Tanz ums Goldene Kalb. Und auch die Stelle, an der Moses mit dem Stab gegen den Felsen geschlagen haben soll, um Wasser zu finden, ist nicht weit entfernt.

Es gibt verschiedene Erklärungsmodelle für diese Kumulation heiliger Stätten: Entweder haben frühchristliche Eremiten bereits bestehende jüdische Traditionen übernommen und diese besonderen Orte für sich vereinnahmt, oder: Es kamen Pilger, die die Orte des Heilsgeschehens aufsuchen wollten. Sich weit vom Kloster St. Katharina wegzubegeben, war wegen der räuberischen Beduinen riskant und wegen der großen Hitze in der Wüste anstrengend. Aus pragmatischen Gründen verlegten die Eremiten und Mönche biblische Ereignisse, von denen man ohnehin nicht genau wusste, wo sie tatsächlich stattgefunden hatten, kurzerhand in die Nähe des Klosters.

Die Pilger beteten an diesen Stätten, verspürten ein mystisches Band zwischen sich und Gott und hegten nicht den geringsten Zweifel an der Authentizität des Ortes. Und doch: Die historischen Ereignisse haben sich vermutlich anderswo zugetragen.

Unendlich

Vergiß
Deine Grenzen

Wandre aus

Das Niemandsland
Unendlich
nimmt dich auf

Rose Ausländer

Wandernde Heiligkeit

Ein weiteres Beispiel soll zeigen, wie beliebig heilige Orte sind: Das biblische Kana, der heutige Ruinenhügel Khirbet Kana, der Ort des ersten Weinwunders, lag etwa 14 Kilometer nördlich von Nazareth entfernt. In der byzantinischen Zeit, aber auch noch im Mittelalter pilgerte man dorthin. Im 16. Jahrhundert vollzog sich schließlich der Wechsel der heiligen Stätte – übrigens völlig problemlos –, als griechisch-orthodoxe Mönche im heutigen Kafr Kana (7 km nordöstlich von Nazareth) eine Kirche erbauten, von der sie behaupteten, sie stünde am authentischen Ort. Als die Franziskaner bemerkten, dass ihre Pilgerstätte plötzlich an Attraktivität verlor, kauften sie 1641 nahe der griechischen Kirche ein Grundstück. Dort gedenkt man seither des Weinwunders.
Am Beispiel von Kana sieht man deutlich: Es gibt Orte – und zu denen gehören auch der Berg Tabor, der Berg der Seligpreisungen und sogar die Via Dolorosa in Jerusalem –, die überhaupt erst durch die Verehrung geheiligt werden.

Das Ziel

Vor dem Gnadenbild in Mariazell, vor der Schwarzen Madonna von Tschenstochau, der Grotte von Lourdes oder dem Grabmal des Herrenbruders Jakobus in Santiago de Compostela zählt also nicht die historisch-archäologische Gewissheit, sondern einzig und allein die Andacht. Der Einzelne weiß sich mit Zehntausenden Menschen vor ihm und nach ihm verbunden, die an diesem Ort um Erleichterung, Linderung oder Heilung baten und bitten. Er spürt ein Mysterium, für das die Historizität zweitrangig ist. Dies stärkt erneut die schon mehrfach bekundete These: Nicht das Ziel, sondern der Weg dorthin ist der Inhalt des Pilgerns.

2. Viele kleine Wunder

Stimmen von Menschen, die unterwegs waren

Du bist gegangen, bist voll Sehnsucht zu einem verlockenden Ziel aufgebrochen und hast eine innere Bewegung verspürt. Seelische Verkrustungen haben sich zu lösen begonnen, und du hast dich auf neue Erfahrungen eingelassen. Und du hast tiefen körperlichen und seelischen Schmerz überwunden: das Brennen deiner Füße und die immer wiederkehrende Frage: „Was hat das für einen Sinn?" Und offenbar hast du darüber die Hoffnung auf ein gutes Ende gestellt, denn sonst hättest du den Weg abgebrochen und wärst nicht am Ziel angekommen. Nun aber bist du da. Viele Fragen hast du beantwortet, einige sind geblieben: „Bin ich durch diese Pilgerschaft ein anderer geworden?" – „Hat mein Pilgerweg eine nachhaltige Wirkung auf mein Leben?" Das sind Fragen, die Pilger (zitiert u. a. aus der Dissertation von Andreas Aigner) folgendermaßen beantworten:

Es war ein Weg der kleinen Veränderungen, der kleinen Erleuchtungen, die allesamt bestätigen, dass es einen tiefen Grund für die große Sehnsucht gibt. Bruno Kunz

Ich hatte das klare Empfinden, die Welt das erste Mal als Schöpfung zu sehen – mit 65 Jahren. Lee Hoinacki

Die Erfahrung des Camino ist so komplex und gleichzeitig so einfach, so sorgenfrei und auch voller Angst, dass man sie nicht angemessen beschreiben kann. Man muss sich selber auf den Weg machen. Lee Hoinacki

Eine Wandlung trat in mir ein. Carmen Rohrbach

Der Mensch, der sich von allem, was bisher war, befreit, ist nicht mehr Gefangener seines Schmerzes, seines Ärgers, seiner Ressentiments, seiner Selbstvorwürfe, seiner nicht erfüllten Träume und Hoffnungen. Dieser Akt der Befreiung ist die Hinwendung zur Selbsterfindung. Wer sich entschlossen hat, sich zu ändern, sich infrage zu stellen, mit sich selbst in Einklang zu kommen, wird frei. Er öffnet sich für die Unendlichkeit in der Zeit. Marc-Alian Onakuin

Ich frage mich, ob die Pilgerreise etwas in meinem Leben verändert hat. Sicherlich, wie jedes starke Erlebnis, hat der Camino in mir Zeichen hinterlassen, vor allem die einmalige Erfahrung Gottes. Barbara, eine Ärztin aus Italien

Ein Pilgerweg ist nicht eine Sache von Wochen. Erwartungsvoll pilgern ist Inhalt eines ganzen Lebens. Dass Gott in mir lebt, durch mich die Welt verwandelt, das zu erfahren, braucht einen endlosen Atem. Elmar Theodor Körner

Das Ziel

3. Zurück in den Alltag

Du bist gepilgert. Vielleicht nur drei Tage, vielleicht aber auch mehrere Wochen lang. Und wenn du nur die einfachsten Regeln eingehalten hast, dann wirst du etwas von dieser inneren Freude und dem Wandel tief in dir verspüren. „Ich bin ein anderer Mensch geworden", hat schon so mancher in sein Tagebuch geschrieben.

Das Gefühl von Gelassenheit und Selbstvertrauen möchte jeder gerne in den Alltag hinüberretten. In das Büro, in dem ständig das Telefon läutet und wo sich in der Inbox deines elektronischen Briefkastens Hunderte Nachrichten angesammelt haben. In das Geschäft, in dem dich ein ständiger Lärmpegel umgibt, an den Schreibtisch, auf dem Berge unerledigter Post warten. Der Wunsch ist da. Und wenn du ehrlich bist, wirst du zugeben: Er war auch schon früher da – nach anderen Urlauben. Aber nie hast du es länger als einige wenige Wochen geschafft, dir deine neuen Werte zu bewahren. Diesmal soll es anders werden. Das nimmst du dir zumindest vor.

Und das gelingt dir auch. Vorausgesetzt, du beginnst damit nicht erst an deinem ersten Arbeitstag, sondern bereits auf deinem Pilgerweg. Schreibe am Ende jeden Tages zwei, drei Begriffe, die dir besonders wichtig sind, in ein Notizbuch. Dinge, auf die du besonders stolz bist, dass du sie geschafft hast. Ein Beispiel: Obwohl du schon sehr müde warst, hast du dich diszipliniert, hast der Einladung zum Mitfahren widerstanden und bist auch noch die letzten fünf Kilometer zur Herberge zu Fuß gegangen. Am Ende dieses Tages würdest du die Worte „Disziplin" und „Widerstandskraft" in dein Heft schreiben. Am Ende deines Weges hast du eine lange Liste solcher Stolz-auf-dich-sein-können-Worte. Wähle zehn davon aus und schreibe sie erneut zusammen. Und wann immer in deiner Alltäglichkeit von dir Disziplin verlangt wird, wirst du dich an die Situation auf deinem Pilgerweg erinnern. Du wirst das Damals mit dem Heute vergleichen und daraus auch den Gewinn für dich ziehen, wenn du sagst: „Um wie viel mehr war ich doch damals gefordert, als ich es heute bin. Wenn ich es damals geschafft habe, warum nicht auch jetzt?" Ja, warum nicht? Schenke dir am Ende jeden Tages ein paar Minuten der Stille, in denen du den Tag noch einmal in Gedanken an dir vorüberziehen lässt.

Kannst du eine positive Bilanz ziehen, wirst du stolz sein und für die nächste schwierige Situation Kraft daraus ziehen. Bist du aber gescheitert, wirst du dir vornehmen, es das nächste Mal besser zu machen. Früher nannte man diese kleine Übung einmal Gewissenserforschung.

Vor allem verliere nie die Lust am Gehen! Ich gehe jeden Tag zu meinem Wohlbefinden und entferne mich so von jeder Krankheit. Ich habe mir meine besten Gedanken ergangen, und ich kenne keinen noch so schweren Kummer, den man nicht weggehen kann.

Sören Kierkegaard

Das Ziel

Das Ziel

Ziele religiöser Sehnsucht

Das Gehen ist wichtig, das Ziel darf man dabei allerdings nicht aus den Augen verlieren. Deswegen möchte ich einige Ziele beschreiben, die eine lange Tradition als Pilger- und Wallfahrtsorte haben. Dabei handelt es sich um eine subjektive Auswahl von bekannten und weniger bekannten Gnadenorten.

Pilgerziele in Österreich

Absam, Tirol

Östlich von Innsbruck gelegen, ist Absam einer der meist besuchten Marienwallfahrtsorte in Tirol. Die Ursprünge des gotischen Kirchenbaus mit seiner Rokokohaube auf dem Kirchturm reichen bereits ins 9. Jahrhundert zurück. Zum Marienwallfahrtsort wurde Absam im Jahr 1797. Damals, so sagt es die Legende, saß Rosina Puecher an einem frostigen Winterabend in der Stube ihres Bauernhauses und nähte. Da erschien ihr plötzlich an der Fensterscheibe ein Bild der Mutter Gottes. So oft sie das Fenster auch abwischte, weil sie zunächst an eine Sinnestäuschung glaubte, so oft erschien ihr aber Maria aufs Neue.
Wallfahrtstage: 17. Jänner, 24. Juni und alle Marienfeiertage

Gutenstein im Piestingtal, Niederösterreich

Es war im Jahr 1661, als der Gutensteiner Marktrichter Sebastian Schlager eine Kopie des Mariazeller Gnadenbildes an eine alte Buche heftete. Mit der Zeit, so sagt die Chronik, wurde das Bild wundertätig und zog immer mehr Gläubige an. 1665 wurde eine Kirche errichtet, die nach dem Brand 1710 größer und schöner ausgestattet wurde.

Heiligwasser bei Igls, Tirol

Von Igls bei Innsbruck führt eine Seilbahn auf den 2246 Meter hohen Patscherkofel. Auf halber Höhe liegt die Station „Heiligwasser" mit der weithin sichtbaren, im 17. Jahrhundert errichteten Kapelle. Der Wallfahrtsort geht auf folgende Begebenheit zurück: Im Jahr 1606 erschien die heilige Maria zwei Bauernbuben, Johann und Paul Mayr, die auf der Suche nach verlaufenem Vieh zu einer Quel-

le am Hang des Patscherkofels gekommen waren. Sie befahl den beiden Buben, zum Abt des nahen Klosters Wilten zu gehen, damit dieser zu Ehren Marias an der Quelle eine Kapelle errichte. Die Buben waren aber zu scheu, dem Wunsch der Erscheinung nachzukommen. Johann Mayr, Vater eines stummen Kindes, kam Jahre danach erneut an der Quelle vorbei, als plötzlich sein Kind zu sprechen begann. Da erinnerte er sich des marianischen Auftrages und erfüllte ihn.
Wallfahrtstage: alle Marienfeiertage, vor allem der 15. August

Maria Plain, Salzburg

Nördlich der Stadt Salzburg, dort, wo das Land hügelig ist, wo es aber bereits gegen das mächtige Gebirge ansteigt, liegt Maria Plain. Die Pilgerstätte wird seiner Lage und seiner religiösen Wichtigkeit wegen auch als der „Hochaltar" Salzburgs bezeichnet. Auf diesem wird seit mehr als 300 Jahren das Gnadenbild Maria Trost verehrt. Das Gemälde eines unbekannten Meisters befand sich ursprünglich im bayrischen Regen, wo es eine Brandschatzung unbeschadet überstanden hatte, bevor es nach Maria Plain gebracht wurde. Zur Würdigung des Bildes, das Maria zeigt, wie sie das nackte Jesuskind mit einem Schleier bedeckt, schreibt Wolfgang Amadeus Mozart die „Krönungsmesse". Die heutige Wallfahrtskirche, ein prächtiger Barockbau mit zwei Türmen, wurde um 1670 errichtet.
Wallfahrtstage: 1. Mai, 15. August, die ersten drei Samstage im Oktober

Maria Saal, Kärnten

Zu den ältesten christlichen Wallfahrtsorten in Europa zählt das in Mittelkärnten gelegene Maria Saal. Darauf lässt die romanische Taufkapelle schließen, die heute noch als „Heidentempel" bezeichnet wird. Vermutlich ist dies ein Hinweis auf slawische und germanische Stämme, die im 5. und 6. Jahrhundert durch Karantanien zogen und auf dem 500 Meter hohen Bergrücken ein Heiligtum errichteten. Mitte des 8. Jahrhunderts befahl der Salzburger Herzog Hadmov, dort eine Bischofskirche zu erbauen. So wurde der Ort, der am halben Weg zwischen Salzburg und dem Mittelmeer liegt, zum Zentrum der Christianisierung. Vor allem die Legende von zwei Ochsen, die einen Karren mit einer Marienstatue zogen und eigenwillig den Weg nach Maria Saal suchten, wo sie nicht mehr weitergingen, begründete bereits im 10. Jahrhundert die Beliebtheit des Ortes. Zwischen 1420 und 1460 wurde eine gotische Wallfahrtskirche errichtet, die 1669 durch einen Brand teilweise zerstört wurde. Zum Dank für die Abwehr der Türken vor Wien wurde bei der Restaurierung, die auch eine Barockisierung der Kirche mit sich brachte, eine Mariensäule vor der Kirche errichtet. Wie in den Anfängen, so kom-

men auch noch heute Menschen aus unterschiedlichen Nationen hierher, um Maria zu verehren: aus Österreich, Italien, Slowenien und Deutschland. Wallfahrtstage: Ostermontag, vier Sonntage vor Pfingsten, Pfingstmontag, 15. August

Mariazell, Steiermark

Zu Zeiten der Monarchie sprach man von der „Via sacra", der „heiligen Straße", die von Wien ins obersteirische Mariazell führte. Und tatsächlich sind aus allen Ländern des Habsburgerreiches die Pilger in das Tal der Salza gekommen, um die „Magna Mater Austriae et Hungaricae" zu verehren. Mittlerweile führen mehrere Pilgerwege mit einer Gesamtlänge von 1100 Kilometern an den Gnadenort. Diese Wege führen durch die Bundesländer Wien, Niederösterreich, Oberösterreich, das Burgenland, Kärnten und die Steiermark. Diese Mariazellerwege, die auch als „Österreichische Weitwanderwege 06" bezeichnet werden, verlaufen von allen Teilen des Landes an den Gnadenort. In den letzten Jahren werden sie auch verstärkt von Pilgern frequentiert. Und wer das Pilgerbuch in der Basilika aufmerksam liest, wird besondere Eintragungen bemerken: Da gibt es Menschen, die aus tiefer Verehrung der Gottesmutter 25-mal und öfter zu Fuß die mehrtägigen Pilgerwanderungen auf sich genommen haben.

Der Wiener Mariazellerweg 06

Ausgangspunkte sind Wien-Rodaun bzw. Perchtoldsdorf. Von dort geht es den südlichen Wienerwald entlang nach Heiligenkreuz und Mayerling sowie nach Maria Raisenmarkt am Fuß des Peilsteins. Über den Wallfahrtsort Hafnerberg geht es nach Kleinmariazell und nach Kaumberg, von dort weiter zur Araburg und von dieser zum Kieneck, zum Unterberg, hinunter nach Rohr am Gebirge und in die Kalte Kuchl. Über St. Ägyd am Neuwalde zum Kernhofer Gschaid führt der Weg hinunter in die Walster und zum Hubertussee, dann durch das Halltal in den Gnadenort.

Der Niederösterreichische Mariazellerweg 06

Dieser führt vom Waldviertler Freiwald über die Kamptalseen, den Horner-, Gföhler- und Dunkelsteinerwald sowie die Türnitzer Alpen ins Mariazellerland. Der Weg beginnt auf dem Gipfel des Nebelsteins, führt über St. Martin, Rosau, Zwettl, Ottenstein, Krumau und Wegscheid nach Rosenburg und weiter über Tautendorf und Schiltern nach Krems an der Donau. Von dort geht es durch den Dunkelsteinerwald nach St. Pölten und über Wilhelmsburg, den Kaiserkogel und über den Hohenstein nach Türnitz. Schließlich gelangt man über den Ulrichsberg in die Walster oder wahlweise über den Annaberg nach Mariazell.

Der Kärntner Mariazellerweg 06

Von Klagenfurt geht es über Maria Saal und den Magdalensberg nach Brückl im Görtschitztal. Dann nach Diex, über Griffen nach Lavamünd in den Ort Soboth und von dort nach Rothwein, von Aibl nach Eibiswald, wo der Kärntner Weg in den Steirischen Mariazellerweg mündet.

Der Steirische Mariazellerweg 06

Von Eibiswald im Südwesten des Landes geht es über Schwanberg, Deutschlandsberg, Bad Gams und Stainz nach Graz. Vorbei an der Wallfahrtskirche Mariatrost geht es auf den Schöckl und von dort hinunter nach Passail, auf die Sommeralm und auf die Schanz. Weiter über die Stanglalm, Mitterdorf im Mürztal und die Hundskopfhütte zur Rotsohlalm am Fuß der Hohen Veitsch. Von dort sind es dann nur noch wenige Stunden bis zum Ziel.

Der Burgenländische Mariazellerweg 06

Ausgangspunkt ist Eisenstadt, von wo es über Großhöflein zur Burg Forchtenstein und nach Pitten im Pittental geht. Von dort geht es weiter in Richtung Würflach und durch die Johannisbachklamm nach Puchberg am Schneeberg. Dann führt der Weg über die Mamauwiese ins Höllental nach Schwarzau im Gebirge und weiter durch das Halltal nach Mariazell.

Der Oberösterreichische Mariazellerweg 06

Ausgangspunkt ist die Wallfahrtskirche am Pöstlingberg bei Linz. Von dort geht es über St. Florian, Christkindl bei Steyr, Spadenberg und Plattenberg nach Waidhofen an der Ybbs und über Lunz am See, Lackenhof am Ötscher, den Riffelsattel, die Ötschergräben und Mitterbach am Erlaufsee nach Mariazell.

Schon an dem weit verzweigten Wegenetz kann man die Bedeutung des Marienheiligtums erkennen, das jährlich von etwa einer Million Pilger aufgesucht wird. Wann Mariazell genau gegründet wurde und ob es von Anfang an ein Marienwallfahrtsort war, lässt sich heute nicht mehr sagen. Gesichert ist nur die Grundsteinlegung im Jahr 1200. Die Zelle jenes Mönchs, von der Mariazell seinen Namen ableitet, wird erstmals 1243 erwähnt. Der Legende nach soll der Abt von St. Lambrecht Mitte des 12. Jahrhunderts einen Mönch namens Magnus in

den Norden des Landes entsandt haben. Magnus hatte eine selbst geschnitzte Marienfigur bei sich, zu der er betete, als ihm ein Felsen den Weg versperrte. Sein Gebet wurde erhört, der Felsen teilte sich und er ritt weiter an seinen Bestimmungsort. Dort stellte er seine Marienstatue auf einen Baumstumpf und zimmerte sich eine Klause: Mariazell.
Die heute von den Pilgern verehrte Statue der Mutter Gottes ist sicher nicht die originale. Vielleicht stammt die 48 Zentimeter hohe Marienfigur aus dem 13. Jahrhundert, vielleicht ist sie aber auch wesentlich jünger.
Die Holzplastik ist nur am Karfreitag, zu Mariä Geburt (8. September) und am 21. Dezember, dem Gründungstag von Mariazell, zu sehen. An allen anderen Tagen sind Mutter und Kind mit prächtigen Gewändern verhüllt.
Die Gründung des Ortes steht mit der Missionstätigkeit des Benediktinerstiftes St. Lambrecht in Verbindung, das im Jahr 1066 von Marquart, Herzog in Kärnten, gegründet wurde. Marquarts Sohn Heinrich schenkte dem Stift 1106 ausgedehnte Besitzungen um Aflenz sowie im Mürztal, die sich weit über die heutigen steirischen Landesgrenzen nach Norden erstreckten. Fünf Lambrechter Mönche wurden in das damals wenig bewohnte Gebiet entsandt, einer von ihnen wurde weiter nach Norden, eben in Richtung Mariazell, beordert, wo er die Zelle für Maria errichtete.
Viele Menschen, die Hilfe suchen, tun dies in der Hoffnung, dass ihnen die Gottesmutter ebenso hilft wie einst Ludwig dem Großen. Er, der zwischen 1342 und 1382 ein Reich regierte, das von Polen bis Bosnien reichte, zog 1363 gegen die Türken ins Feld. Seine Truppen waren aber denen des Sultans zahlenmäßig deutlich unterlegen. Dennoch zog er voll Zuversicht in die Schlacht, war ihm doch im Traum die Gottesmutter erschienen. Und als er erwachte, fand er jenes Marienbild, das er sonst immer mit sich führte, an diesem Tag aber vergessen hatte, neben sich. Das Vertrauen des Herrschers wurde nicht enttäuscht – er siegte. Und zum Dank dafür pilgerte er mit seinem Heer nach Mariazell.

Besondere Ereignisse in der jüngsten Geschichte des Gnadenortes waren der Besuch von Papst Johannes Paul II. am 13. September 1983 sowie die Überführung der sterblichen Überreste des ungarischen Kardinals Mindszenty in seine Heimat. Der Kardinal war nach der brutalen Niederschlagung des Aufstandes von 1956 in die US-Botschaft in Budapest geflüchtet, wo er 25 Jahre lang auf exterritorialem Gebiet ausharrte, bis ihm 1971 schließlich die Ausreise nach Wien gestattet wurde. Nach seinem Tod 1975 wurde er in einer Seitenkapelle bestattet, 1991 wurde sein Sarkophag in seine alte Heimat überführt.

Ein besonderes Fest wird in der kleinen Stadt im Mai 2004 gefeiert, wenn sich Zehntausende Pilger aus acht Nationen zum ersten mitteleuropäischen Katholikentag um die Basilika versammeln werden.
Wallfahrtstage: ganzjährig, besonders aber der 15. August

Pöstlingberg, Oberösterreich

Weithin sichtbar erhebt sich auf dem Pöstlingberg bei Linz, einem Ausläufer der Mühlviertler Berge, die doppeltürmige Fassade der Wallfahrtskirche zu Ehren der sieben Schmerzen Mariens. Begründer der Wallfahrt war im frühen 18. Jahrhundert ein einfacher, frommer Mann aus dem Volk, der bei den Kapuzinern in Linz beschäftigt war. Sein Name: Franz Obermayr. Diesem Mann fiel ein Meditationsbuch über die Leiden Christi in die Hände, das ihn so sehr bewegte, dass er sich entschloss, eine Pieta schnitzen zu lassen. 1716 stellte er sie auf dem Platz über der Stadt auf. Um die Heiligenfigur vor dem Wetter zu schützen, wurde eine Kapelle errichtet. Mitte des 18. Jahrhunderts kam es dann zum Kirchenbau.

Die Beschreibung der Fußwege nach Mariazell wurde dem Buch von E. und F. Käfer: Pilgerwege nach Mariazell, Styria Verlag, 3., völlig überarbeitete Auflage, Mai 2003, entnommen.

„Durch die Wallfahrt nach Santiago ist Europa entstanden“

Pilgerziele in Europa

Ein paar Worte Spanisch lernt jeder auf dem Camino, dem Jakobsweg. Wenige Vokabel genügen, um in der Herberge nach dem Weg zu fragen oder um sich ein Glas Wein zu bestellen. Und selbst, wer dieser Sprache gar nicht mächtig ist, ruft unweigerlich „Montjoie!“ („Welche Freude!“), wenn er, fast am Ziel, von einem Hügel aus den ersten Blick auf Santiago de Compostela wirft.
Erleichtert und oft mit Tränen in den Augen geht es dann die letzten Kilometer hinab in die Stadt, vorbei an Tavernen, man kämpft sich durch den stockenden Verkehr in der verwinkelten Innenstadt, die zu den schönsten des Landes zählt. Möglichst rasch möchte man nun ans Ziel gelangen: zur Kathedrale, in der angeblich die Gebeine des Apostels Jakobus, dem Bruder des Evangelisten Johannes, beigesetzt sind.

Aber noch ehe man die mächtige, frühromanische Kirche betritt, in deren Krypta der Silberschrein mit den Gebeinen aufbewahrt ist, geht man zur marmornen Mittelsäule des großartigen Portico de la Gloria und berührt sie.Sie ist abgegriffen wie der Fuß des heiligen Petrus im Petersdom oder die Platte über dem Grab Jesu.

Santiago ist für die spanischen Katholiken nach Jerusalem und Rom die drittwichtigste Pilgerstätte. Man beruft sich dabei auf eine alte Tradition, derzufolge Jakobus selbst den Spaniern das Evangelium verkündet haben soll. Nach mehrjährigem Aufenthalt sei er aber wieder nach Palästina zurückgekehrt, wo er im Jahr 44 den Märtyrertod starb. Seine Jünger brachten schließlich den Leichnam auf ein Schiff, das nach sieben Tagen Fahrt, wie von Gottes Hand gesteuert, an der Westküste Spaniens strandete. Dort wurde der Apostel dann auch bestattet. Sein Grab geriet aber bald in Vergessenheit. Im Jahr 814 wurde es von einem Eremiten wiederentdeckt. Bischof Theodemir veranlasste den Bau einer Kirche über dem Grab. Um dieser Tradition auch noch einen historischen Anstrich zu geben, wurden sogar Papstbriefe fingiert. Die Stadt wurde so wichtig, dass im 11. Jahrhundert der Bischofssitz dorthin verlegt wurde. Im Mittelalter wurde sie zu einem Zentrum der europäischen Wallfahrt. Menschen aus dem ganzen Kontinent machten sich auf den Weg nach Santiago. Sie riskierten dabei, ausgeraubt, ja sogar getötet zu werden. Sie nahmen Mühen und Entbehrungen auf sich, um an diesem Ort zu beten. Die Verehrung war so intensiv, dass sich Rom gezwungen sah, die Jakobustradition 1631 ins Römische Brevier aufzunehmen.

Der Maurentöter

Aber nicht nur die Auszeichnung der frühen Missionierung, sondern auch die Tatsache, dass Jakobus Spanien im Kampf gegen die Mauren unterstützte, hat die Verehrung für den Apostel gestärkt. Im 8. Jahrhundert begannen die moslemischen Mauren mit der Eroberung Spaniens.

Mohammed, so glaubten sie, würde sie dabei beschützen. Die Christen hingegen vertrauten bei der „Reconquista", der Rückeroberung, auf den Apostel Jakobus. Tatsächlich besiegten die spanischen Christen die nordafrikanischen Eindringlinge erstmals im Jahr 844. Den Sieg widmeten sie Jakobus. Von ihm behaupteten sie sogar, dass er selbst in der Gestalt eines weißen Ritters auf einem Pferd sitzend erschienen sei und furchterregend das Schwert geschwungen habe. Seitdem trägt der Heilige den Beinamen „Matamoros", Maurentöter.

Die Pracht der Kathedrale, freilich auch das lebendige Treiben in der gesamten Stadt, mag der Pilger als starken Kontrast zur Einsamkeit auf seinem Weg empfinden. Man kann die Kathedrale freilich auch anders sehen: als Sinnbild für die Freude der Pilger, den Weg gut beendet zu haben und wohlbehalten am Ziel angekommen zu sein.Erbaut wurde die Kathedrale von unbekannten Baumeistern. Nur ein einziger Name ist überliefert: Mateo, jener Künstler, der die dreiteilige Vorhalle mit reichem Skulpturenschmuck ausstattete. Im Zentrum thront Christus als der Erlöser der Welt, umgeben von den vier Evangelisten und seinem himmlischen Gefolge. Die Mittelsäule stellt im unteren Bereich die Wurzel Jesse dar, in der Mitte erhebt sich die Statue des heiligen Jakobus. Dies ist die Säule, die millionenfach berührt wurde und noch immer wird. So oft und mit solcher Hingabe, dass Goethe schrieb: „Europa ist durch die Wallfahrt nach Santiago entstanden, und das Christentum ist seine Muttersprache."

Polens Königin residiert in Tschenstochau

Lech Waelsa trug sie als Arbeiterführer und später auch noch als Präsident von Polen am Revers seines Anzugs. Eine kleine Replik der „Czarna Madonna", der „Schwarzen Madonna" von Tschenstochau. Der Elektriker aus Danzig signalisierte damit seinen Widerstand gegen die herrschende KP, und zugleich vertraute er sich der Gottesmutter an, die dem Land schon so oft in seiner schwierigen Geschichte geholfen hatte. Vor allem im 17. Jahrhundert, als sich Polen gegen die Kosaken und dann auch noch gegen die Schweden zur Wehr setzen musste. Leisteten die Polen anfänglich nur zögerlichen Widerstand, so änderte sich dies, als im Jahr 1655 das Kloster Jasna Gora („Heller Hügel") erfolgreich gegen die anstürmenden Soldaten aus Nordeuropa verteidigt werden konnte. Aus Dankbarkeit wurde die Mutter Gottes aus Tschenstochau zur „Königin" Polens erhoben. Damit begann die Verehrung der schwarzen Ikone, die vermutlich aus der Zeit zwischen dem 6. und 9. Jahrhundert stammt und die 1384 aus der Ukraine in das erst kurz zuvor gegründete Kloster gebracht worden war. Unter dem Schutz der Schwarzen Madonna prallten aber nicht nur die Schweden an den Klostermauern ab, Jasna Gora blieb auch 1770 unbeschädigt, als es unter der Zarin Katharina II. belagert wurde. Und selbst die Attacken der Roten Armee im Jahr 1920 konnten dem Kloster nichts anhaben. Noch immer erzählt man sich in dem Industrieort, in dem längst nicht mehr alle Schornsteine der riesigen Stahlwerke und Textilfabriken rauchen, dass die Schwarze Madonna den Russen am Himmel erschienen sei – gleichsam als ein Zeichen des göttlichen Schutzes für das Kloster.

So wurde die byzantinische Ikone einmal mehr zur Beschützerin gegen Angreifer von außen. Diese Symbolkraft nutzten unter dem KP-Regime jährlich auch etwa 25.000 Studenten aus Warschau, die Anfang August aus der Hauptstadt aufbrachen, um nach zehn Tagesmärschen am 15. August, dem Fest Mariä Himmelfahrt, in Tschenstochau anzukommen. Sie schliefen unter freiem Himmel und begannen jeden Tag mit einer heiligen Messe. Dies war eine tapfere Bezeugung ihres Glaubens und zugleich eine politische Provokation.

Den Höhepunkt der Verehrung erfuhr die Madonna, die von Pilgern seit Jahrhunderten reich mit Silber, Gold und Perlen beschenkt wird, als 1978 der Krakauer Kardinal Karol Wojtyla zum Papst gewählt wurde. Er stellte nämlich die Schwarze Madonna in den Mittelpunkt seiner persönlichen und sehr intensiven Marienverehrung. Auch wenn die katholische Kirche nach dem Wechsel zur Demokratie an Anhängern verliert, die Anziehungskraft der Ikone bleibt nach wie vor ungebrochen. Mehrere hunderttausend Pilger, viele zu Fuß, kommen jährlich am 15. August, um ihre „liebe Frau“ zu verehren.

Die Schwarze Madonna hat immer wieder geholfen. Dem Kloster und auch vielen Polen, die sie um Hilfe gebeten haben. Nur, so scheint es, sich selbst nicht. Es war in der Karwoche des Jahres 1430, als Anhänger von Jan Hus das Kloster stürmten. Sie schändeten die Marienkapelle und brachten die Ikone vor das Gotteshaus, wo die Bilderstürmer mit Dolchen auf die Gottesmutter und das Kind einstachen. Dabei wurde die Holztafel gespalten. Künstler von hoher Fertigkeit haben die Ikone im königlichen Auftrag wieder restauriert. Nur zwei Schnitte an der linken Wange konnten sie, so besagt die Legende, nicht zum Verschwinden bringen. So oft sie diese auch übermalten, so oft öffneten sie sich aufs Neue. Man sprach von einem Wunder, von einer überirdischen Erscheinung. Millionen Menschen kamen daraufhin nach Tschenstochau, um auch ein Wunder zu erfahren. Das Wunder der Heilung an Leib und Seele.

Quellennachweis

Aurelius Augustinus, Deutsche Augustinus-Ausgabe, Schöningh Verlag, Paderborn 1968

Rose Ausländer, Unendlich. Aus: dies. Wieder ein Tag aus Glut und Wind. Gedichte 1980–1982. © S.Fischer Verlag GmbH, Frankfurt am Main 1986

Thomas Bernhard, Gehen. © Suhrkamp Verlag, Frankfurt am Main 1971

Paulo Coelho, Auf dem Jakobsweg. Tagebuch einer Pilgerreise nach Santiago de Compostela. Aus dem Brasilianischen von Maralde Meyer-Minnemann © Diogenes Verlag AG, Zürich 1999

Victor Frankl, Bergerlebnis und Sinnerfahrung. Tyrolia Verlag Innsbruck Wien, Neuauflage Innsbruck 2003

Erhart Kästner, Die Stundentrommel vom heiligen Berg Athos. © Insel Verlag, Frankfurt am Main 1974

Sören Kierkegaard, Gewissenserforschung. Zitiert aus dem „Norddeutschen Wanderer", Nr. 56 (Titelblatt), 1981